LEÇONS
D'ENSEIGNEMENT SCIENTIFIQUE

COURS ÉLÉMENTAIRE

(LIVRE DE L'ÉLÈVE)

LEÇONS

d'Enseignement Scientifique

à l'usage des Écoles primaires

COURS ÉLÉMENTAIRE

(LIVRE DE L'ÉLÈVE)

PAR

B. LAMOUNETTE & E. COLLET

INSPECTEUR D'ACADÉMIE INSTITUTEUR

PARIS

LIBRAIRIE GARNIER FRÈRES

6, RUE DES SAINTS-PÈRES, 6

1914

PRÉFACE

Le cours élémentaire des *Leçons d'enseignement scientifique* a été conçu et composé d'après un plan identique à celui du cours moyen [1]. Nous avons suivi le même ordre dans la distribution des leçons. Nous estimons, en effet, que l'uniformité absolue de méthode est la condition nécessaire du succès, c'est-à-dire du développement progressif et régulier de l'esprit de l'enfant. Ce développement se fait, non par à-coups, mais par une succession de stades intimement liés, fondus en quelque sorte les uns dans les autres, sans solution de continuité et surtout sans métamorphose. Il est donc funeste de changer les procédés d'enseignement au cours des différentes époques de la scolarité, sous prétexte que l'enfant, plus avancé en âge, doit être traité d'autre façon. Sa vie, jusqu'à l'âge d'homme, n'est point, comme l'affirmait Rousseau, une succession de périodes distinctes et indépendantes, mais un tout complet s'élargissant de plus en plus. C'est là une loi générale dont il faut tenir compte dans l'éducation des enfants.

1. Voir *Préface* des *Leçons d'enseignement scientifique*, cours moyen, Livre du Maître.

Il ne peut donc y avoir qu'une seule méthode, même à l'école primaire : la méthode rationnelle, qui, insensiblement, conduit l'élève de l'ignorance presque absolue à la connaissance adéquate des choses de la vie. Croire le contraire ferait courir le risque d'arrêter l'essor de l'esprit, au lieu de l'accentuer, et de dérouter les jeunes intelligences, en les plongeant dans la confusion.

*
* *

En publiant nos *Leçons d'enseignement scientifique*, notre idée directrice a été d'éviter cette confusion regrettable et fatale. Nous avons considéré que le passage du cours élémentaire au cours moyen doit paraître insensible aux jeunes enfants ; nous avons voulu que les connaissances scientifiques déjà acquises soient les centres d'attraction autour desquels viennent se grouper les notions nouvelles se rapportant aux mêmes points, mais plus complètes et surtout plus rationnelles.

Aussi avons-nous apporté le plus grand soin à l'ordonnance des matières. Nous avons fait en sorte que les points de repère soient choisis de façon à correspondre aux conditions essentielles et fondamentales de la vie humaine, nous souvenant toujours que l'enfant confié à nos soins doit travailler, non pour l'école, mais pour la vie.

Et cependant nous ne nous sommes point écartés des programmes officiels. On pourrait croire, de prime abord, à un désordre complet : il n'en est rien. Si nous n'avons pas scrupuleusement observé la lettre de ces programmes, nous en avons conservé l'esprit, et il sera facile à nos collègues de voir que, dans le livre que nous leurs offrons, nous avons cherché avant tout à ne point sortir de la réalité concrète, sans toutefois négliger d'exercer chez les jeunes élèves les deux facultés qui assurent le succès dans l'étude des sciences, même élémentaires : l'observation et l'expérimentation.

L'observation, oui, dira-t-on ; mais l'expérimentation, au cours élémentaire ! N'est-ce point chose tout au moins hasardeuse?... Qu'on veuille bien réfléchir sans parti pris et envisager sincèrement les immenses progrès réalisés, au cours de ces dernières années, dans le domaine des sciences ; on verra alors que ces progrès sont dus à l'expérimentation ; bien plus, un raisonnement précis montrera, de la façon la plus frappante, que l'observation exacte ne peut exister sans l'expérimentation : celle-là, sans le secours de celle-ci, n'ouvre le champ qu'aux hypothèses, lesquelles demeurent hypothèses, tant que l'expérience, par une sélection infaillible, ne les a pas transformées en réalités.

***

Une semblable conception paraît, à première vue, ne pouvoir s'appliquer qu'aux sciences pures. Et pourquoi donc ne s'appliquerait-elle pas à la science primaire ? La puissance de l'expérience fléchirait-elle dans les sphères tout à fait modestes? Nous n'en croyons rien.

Partout et toujours, elle reste la condition indispensable à l'acquisition des connaissances rationnelles et durables, rendues nécessaires par les exigences de la vie moderne. Il ne saurait être question, évidemment, de l'expérimentation savante, mais nous estimons quand même que l'enseignement scientifique à l'école primaire doit être essentiellement expérimental, c'est-à-dire vivant.

Faut-il entendre par là que nos maîtres primaires soient dans l'obligation de rendre leurs leçons amusantes ? Non. Un maître en pédagogie, Guizot, disait déjà, il y a soixante ans :

« Les méthodes puériles, qui veulent faire de tout un amusement pour l'enfant, détruisent ce qu'il y a de plus précieux dans la vie : la puissance de l'effort sur le développement des facultés intellectuelles et morales. »

Guizot avait raison. L'amusement distrait, mais n'instruit pas ; l'instruction ne s'acquiert que par l'effort.

Il importe donc que les enfants, même les plus jeunes, soient exercés progressivement à faire œuvre personnelle ; il faut que les leçons de leurs maîtres soient pour eux profitables à un double point de vue : acquisition de connaissances nouvelles et augmentation de l'acuité des sens.

Comment obtenir ce résultat ? Tout d'abord, en rendant l'enseignement attrayant ; et, pour qu'une leçon soit attrayante, il suffit que son objet soit à la portée des enfants et touche de très près à leur vie quotidienne. Il faut encore que les leçons mettent en jeu l'observation visuelle, base de l'observation intellectuelle.

Nos *Leçons* répondent à ces deux conditions : elles portent uniquement sur des faits que les élèves peuvent voir à chaque instant et qui les intéressent par leurs applications pratiques ; elles indiquent en même temps les expériences à faire, les objets à montrer et à décrire, et, par là, excitent les enfants à vérifier eux-mêmes.

* * *

Peut-être fera-t-on à ce cours élémentaire le même reproche qu'on a fait au cours moyen, celui d'être, en certains points, plus élevé que les ouvrages similaires publiés antérieurement. Ce serait pour nous un reproche honorable, auquel d'ailleurs il est facile de répondre. Les élèves de nos écoles primaires, en effet, ne sont plus ce qu'ils étaient il y a trente ans, à l'époque où l'instruction du peuple fut rendue obligatoire : comme tout ce qui les entoure, ils ont participé à l'évolution dont l'œuvre s'accomplit lentement ; leurs facultés ont plus de vigueur, et ils sont capables de plus d'effort. N'est-il point nécessaire alors que l'école évolue avec tout le reste ? Ne serions-nous pas coupables si nous nous figions dans un enseignement immuable, non en concordance avec son époque ?

Ce sont là des considérations dont nous avons tenu compte. Nous avons introduit dans nos *Leçons* certains faits non inscrits aux programmes, mais dont la connaissance n'en est pas moins utile aux enfants du peuple, aussi bien qu'aux enfants des classes privilégiées. Nous en fera-t-on un grief?

*
* *

La matière du livre a été distribuée en 70 leçons. C'est le nombre qui correspond le mieux à l'année scolaire, à raison de deux leçons par semaine. Nous ne prétendons pas que toutes ces leçons doivent être étudiées dès la première année du cours. Il nous paraît, au contraire, plus rationnel de faire un choix au début, d'insister davantage sur quelques-unes d'entre elles et de réserver pour la seconde année l'étude complète de toutes les leçons.

Pour faciliter la tâche, toujours difficile et souvent ingrate, des instituteurs, nous avons rédigé à leur intention le *Livre du maître*, qui sera pour eux, nous l'espérons, un auxiliaire précieux. Ils y trouveront les plans détaillés de toutes les leçons, précédés de l'indication du matériel nécessaire, et suivis de résumés identiques à ceux du livre de l'élève. Des *Notes explicatives*, placées à la fin du volume, les aideront, s'il est besoin, à réaliser quelques petits appareils propres à rendre l'enseignement plus attrayant et plus fécond.

En résumé, nous n'avons rien négligé pour donner aux maîtres dévoués de la jeunesse primaire un livre pratique et utile. Nous n'aurons point de meilleure satisfaction que celle d'avoir atteint notre but.

B. LAMOUNETTE, E. COLLET.

LEÇONS D'ENSEIGNEMENT SCIENTIFIQUE

A L'USAGE DES ÉCOLES PRIMAIRES

PREMIÈRE PARTIE

LES FONCTIONS DE NUTRITION ET LES ALIMENTS

1re LEÇON

Les trois règnes naturels

1. Lorsque nous passons dans les rues du village ou de la ville, nous voyons des maisons, des hommes, des femmes et des enfants allant dans tous les sens, des chiens, des chats, des poules, des chevaux, des fleurs, des arbres, etc.

De même, si nous nous promenons dans la campagne, quel que soit l'endroit où nous tournions nos regards, nous n'apercevons autre chose que des personnes ou des animaux, des herbes ou des arbres, des pierres, de la terre, de l'eau, etc.

Toutes ces choses : personnes, animaux, plantes, pierres, terre, eau, l'air même que nous respirons, sont des **corps**. Le nombre des corps est si grand que personne ne le connaît. On peut cependant les **classer**, car, en les examinant avec attention, on trouve entre eux des différences remarquables.

Ainsi, une pierre, un arbre et un chien sont trois corps très distincts.

2. La pierre n'est pas vivante; elle ne se nourrit pas, elle ne grandit pas, elle ne meurt pas: elle restera toujours ce qu'elle est, sans changer, si on n'y touche jamais. Il en est de même de toutes les pierres, de l'eau, du fer, du cuivre, etc. Ce sont des **minéraux**, et leur ensemble forme le **règne minéral**.

3. L'arbre est une plante. Les plantes sont vivantes; elles naissent d'une graine, se nourrissent, grandissent, et finissent par mourir. Mais elles ne voient pas, elles ne parlent pas, ne poussent pas de cris, et restent toujours attachées à l'endroit du sol où elles sont nées. Ce sont des **végétaux**, qui forment la seconde classe de corps : le **règne végétal**.

4. Le chien est aussi vivant, ainsi que tous les autres animaux. Ceux-ci naissent, se nourrissent, grandissent, puis meurent après avoir vécu plus ou moins longtemps, comme les végétaux. Mais, en plus, ils crient, ils voient et peuvent marcher ou courir. Leur ensemble est appelé **règne animal**.

Il y a donc trois règnes et rien que trois : un corps quelconque peut être rangé dans l'un ou dans l'autre de ces trois règnes.

RÉSUMÉ

1. *Tous les corps peuvent être classés en trois règnes :*

1° *Le règne minéral;*

2° *Le règne végétal;*

3° *Le règne animal.*

2. *Les minéraux sont des corps non vivants. Ils comprennent les pierres, les métaux, la terre, l'eau, l'air, etc.*

3. *Les végétaux sont des corps vivants, mais toujours attachés au même point; ils ne peuvent faire aucun mouvement.*

4. *Les animaux sont des corps vivants qui peuvent se mouvoir.*

2e LEÇON

L'homme

1. L'homme est un animal, car il vit et peut se mouvoir ; mais c'est un animal supérieur aux autres ; c'est le seul qui puisse parler.

Son corps comprend trois parties : la **tête**, le **tronc** et les **membres**. Chacune de ces parties renferme des **organes**.

2. La tête comprend le **crâne**, qui contient le **cerveau**, et la **face** ou **visage**, où l'on voit :

1° Les **yeux**, organe de la vue ;

2° Le **nez**, organe de l'odorat ;

3° Les **oreilles**, organe de l'ouïe ;

4° La **bouche**, dans laquelle nous introduisons les aliments et qui renferme les **dents** et la **langue**, organe du goût.

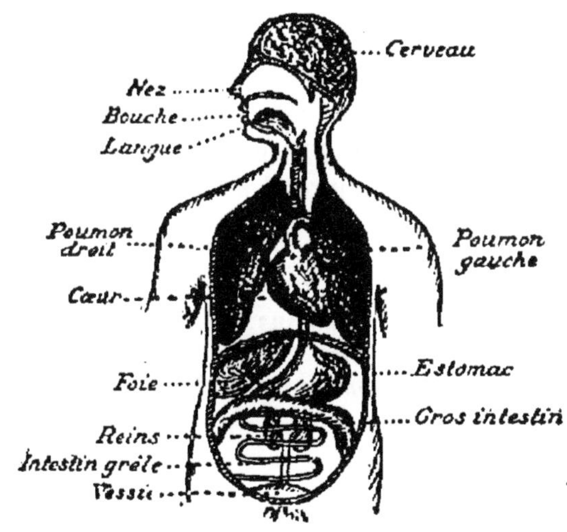

Fig. 1. — Coupe du tronc.

3. La tête est rattachée au tronc par le **cou**. Le tronc est divisé, par une membrane, en deux parties : la **poitrine** et le **ventre**.

La poitrine renferme le **cœur**, qui lance le sang dans toutes les parties du corps, et les **poumons**, qui servent à la respiration.

Le ventre contient l'**estomac**, l'**intestin**, le **foie**, qui digèrent les aliments, la **rate** et les **reins** ; ceux-ci produisent l'**urine**.

4. Les membres comprennent les **bras** et les **jambes**.

Tous les organes du corps servent à quelque chose ; on dit que chacun remplit une **fonction**. La bouche, les dents, l'estomac, l'intestin, le foie servent à la **digestion** des aliments ; le cœur produit la **circulation** du sang ; les poumons servent à la **respiration** ; les jambes nous permettent de marcher. La digestion, la circulation, la respiration et la marche sont des fonctions. Le cerveau dirige toutes les fonctions.

RÉSUMÉ

1. *Le corps de l'homme comprend la tête, le tronc et les membres.*
2. *La tête comprend le crâne, qui renferme le cerveau, et le visage, où l'on voit les yeux, le nez, les oreilles et la bouche dans laquelle se trouvent les dents et la langue.*
3. *Le tronc est divisé en deux parties : la poitrine, qui renferme le cœur et les poumons; le ventre, qui contient l'estomac, l'intestin, le foie et les reins.*
4. *Les membres sont les bras et les jambes.*

3e LEÇON

L'appareil digestif

1. Les aliments que nous mangeons doivent passer dans le sang. Mais, auparavant, ils doivent être **digérés**, c'est-à-dire subir des modifications qui se produisent dans plusieurs organes placés à la suite les uns des autres et dont l'ensemble est nommé **appareil digestif** (*fig.* 2). Celui-ci comprend la **bouche**, l'**estomac** et l'**intestin** ; le **foie**, qui communique avec l'intestin, aide aussi à la digestion.

2. Les aliments sont d'abord introduits dans la bouche et mâchés par les **dents**. Les dents sont de petits os plantés dans les mâchoires ; leur partie visible est nommée **couronne** ; elle est recouverte d'une mince couche d'**émail**. Les **incisives**, ou dents de devant, ont leur couronne tranchante et servent à couper les aliments ; les **canines** sont pointues ; les **molaires**, au contraire, sont plates ; elles servent surtout à broyer, à écraser (*fig.* 3).

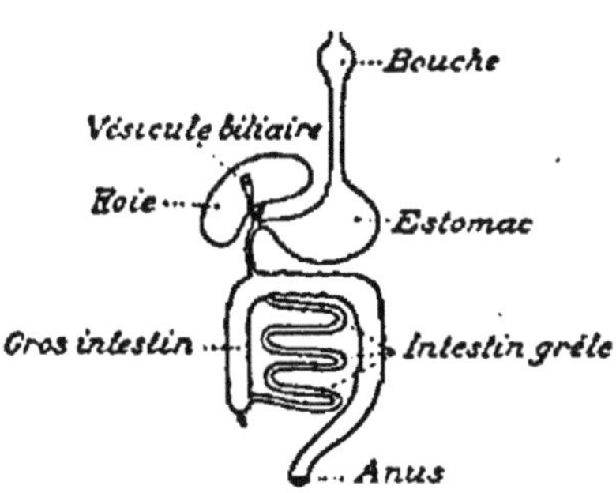

Fig. 2. — L'appareil digestif.

Les premières dents de l'enfant tombent vers l'âge de sept ans ; elles sont remplacées par d'autres qui durent tout le reste de la vie.

Il faut tenir les dents très propres, sinon elles se gâtent et occasionnent des **maux de dents** très douloureux. On évite presque sûrement la **carie** des dents en les frottant tous les matins avec une petite brosse spéciale, et en se rinçant la bouche avec de l'eau à laquelle on ajoute quelques gouttes d'eau **dentifrice**.

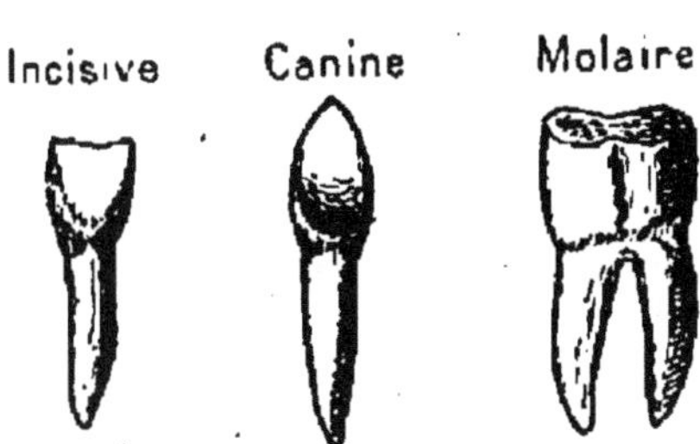

Fig. 3. — Les différentes sortes de dents.

3. Une fois mâchés et bien mélangés de salive, les aliments passent de la bouche dans l'estomac par un conduit placé le long du cou. L'**estomac** est une espèce de sac situé dans le ventre ; ses parois sont très fortes, car elles ont à remuer les aliments pendant tout le temps de la digestion, qui dure souvent plusieurs heures.

L'estomac (*fig.* 4) communique avec l'intestin ; celui-ci

est un tube long de 8 à 10 mètres; il est étroit dans sa première partie et s'appelle **intestin grêle**; la seconde partie est beaucoup plus large et se nomme **gros intestin.**

La digestion des aliments n'est pas complète dans l'estomac; elle s'achève dans l'intestin grêle, où arrive par un fin canal la **bile**, produite par le foie. Tout le monde connaît la bile, ce liquide verdâtre renfermé dans une petite poche que chacun a pu voir sur les foies des lapins ou des poules et qu'on nomme souvent **fiel amer.** La bile est nécessaire pour que la digestion soit complète.

Fig. 4. — L'estomac.

C'est dans l'intestin grêle aussi que de toutes petites veines viennent prendre aux aliments digérés ce qu'ils contiennent de propre à la nutrition pour le mêler au sang. Ce qui reste passe dans le gros intestin, puis est rejeté au dehors.

RÉSUMÉ

1. *Pour passer dans le sang, les aliments doivent être digérés. Ils sont introduits dans la bouche, mâchés par les dents et mêlés de salive. Ils pénètrent ensuite dans l'estomac, qui les remue sans cesse, puis dans l'intestin grêle, qui reçoit la bile produite par le foie.*

2. *Les dents, incisives, canines et molaires, doivent être lavées au moins une fois par jour pour éviter qu'elles se gâtent.*

3. *La digestion se termine dans l'intestin grêle; de petites veines viennent y chercher les matières nutritives pour les faire entrer dans le sang. Le reste est rejeté au dehors.*

4e LEÇON

Hygiène de la digestion

1. L'appareil digestif se fatigue très vite, si on n'y prend garde ; et, au bout d'un certain temps, des maladies graves peuvent se produire. Elles sont plus fréquentes chez les grandes personnes, c'est vrai, mais presque toujours elles sont causées par les imprudences ou les négligences commises dans la jeunesse.

Il faut donc prendre grand soin de son appareil digestif.

2. La première chose à éviter, c'est de manger trop. Les enfants ont bon appétit, c'est de leur âge. Mais ne sont-ils pas un peu gourmands ? Ils redemandent souvent d'un plat qu'ils aiment, même quand ils n'ont plus faim : c'est si bon, une tranche de gigot ou une tartine de confiture ! En cela, ils n'écoutent que leur gourmandise. C'est déjà vilain ; mais, en plus, il y a à craindre les **indigestions**, qui font tant souffrir et qui, lorsqu'elles se répètent, conduisent tout droit aux maladies d'estomac, dont il est si difficile de se guérir.

3. On doit aussi éviter de manger trop souvent. Les grandes personnes se contentent d'une collation, le matin, et de deux repas complets, à midi et le soir. Que les enfants prennent un **goûter** à quatre heures, au sortir de la classe, cela n'est pas nuisible. Mais combien harcèlent leur mère dans la journée : « Maman, j'ai faim, donne-moi du pain, du sucre, du chocolat, etc., etc... » Agir ainsi est mauvais, très mauvais. On fait, en effet, trop travailler l'estomac, sans lui laisser de repos ; il se fatigue alors très vite, fait mal son travail, et un beau jour il ne le fait plus du tout : c'est la maladie.

4. Les **friandises**, bonbons, gâteaux, sont, entre les repas, également très nuisibles. Si les enfants savaient le mal qu'ils font à leur estomac en abusant de toutes ces choses qui ne leur sont point nécessaires, ils se garderaient bien de dépenser leurs sous à l'achat de sucreries souvent malsaines : ils y gagneraient en santé et en économie.

5. Il ne faut pas non plus abuser des fruits. Quand on les mange encore **verts**, ils causent la **diarrhée** ; dans certains cas même, ils provoquent l'**entérite**, maladie grave et dangereuse, surtout chez les enfants. Les fruits **mûrs** peuvent produire les mêmes effets quand on en mange trop : l'intestin se fatigue et remplit mal sa fonction ; la digestion ne se fait plus convenablement ; la maladie n'est pas loin, et avec elle les purges et les tisanes peu agréables.

6. Les enfants doivent donc bien comprendre que la sobriété est la mère de la santé. Ils doivent savoir aussi qu'au moment des repas il est nécessaire de ne pas songer à courir vite au jeu, mais de manger lentement et de bien mâcher les aliments ; en faisant le contraire, on force l'estomac à accomplir à la fois le travail des dents et le sien propre ; il ne peut alors faire bien ni l'un ni l'autre et la digestion est mauvaise.

Enfin, une bonne précaution à prendre est de se laver les mains avant chaque repas.

RÉSUMÉ

L'appareil digestif peut être atteint de maladies difficiles à guérir ; les enfants les éviteront presque sûrement en observant toujours les règles suivantes :

1° Ne pas trop manger aux repas, afin de n'avoir jamais d'indigestion ;

2° *Faire quatre repas seulement : déjeuner, dîner, goûter, souper; ne jamais manger entre ces repas.*
3° *Délaisser complètement les friandises, bonbons et sucreries de toutes sortes;*
4° *Ne manger que des fruits mûrs, en quantité raisonnable;*
5° *Se laver les mains avant chaque repas;*
6° *Manger lentement et bien mâcher les aliments.*

5e LEÇON

La farine et le meunier

1. Les aliments sont solides, comme le pain, la viande, le beurre, ou liquides, comme l'eau, le vin, le lait.

L'aliment solide le plus important est le **pain**. Il est fabriqué avec la farine, qui provient du **blé**.

2. Quand la moisson est terminée, le cultivateur bat ou fait battre sa récolte pour en extraire les grains. Le battage se fait soit à la main, à l'aide d'un **fléau** (*fig.* 5), sur le sol uni des granges, soit par des **batteuses** mécaniques, que des chevaux ou une machine à vapeur mettent en mouvement. En beaucoup d'endroits, le battage se fait très simplement, en plein champ, sur un terrain uni et plat nommé **aire**; le blé est étendu sur cette aire et piétiné par des mules ou des mulets qu'on fait trotter en rond, en les tenant par une longue corde; c'est ce que l'on appelle le **dépiquage**.

Fig. 5. Un fléau.

Après le battage, les grains de blé sont séparés de la

balle ou menue paille au moyen d'un **van** ou d'un **tarare** (*fig.* 6), puis mis en sacs et enfin livrés au **meunier** qui en tirera la farine.

FIG. 6. — Un tarare.

En regardant un grain de blé, on voit qu'il est de couleur jaune d'or. Mais, si on le coupe on remarque que, seule, l'enveloppe ou peau du grain a cette couleur : tout l'intérieur est blanc. Il suffit donc, pour obtenir la farine, d'écraser les grains et de les faire tomber ensuite sur des tamis très fins : la farine passe à travers, mais l'enveloppe des grains, qui a été simplement déchirée en plusieurs fragments, reste sur le tamis; elle forme **le son.**

La farine se fabrique en grand et rapidement dans les **moulins** et les **minoteries.** Le blé tombe d'une façon régulière entre deux grosses **meules** de pierre, disposées horizontalement ; ces meules tournent l'une sur l'autre en sens contraire ; de grands tamis séparent ensuite la farine du son.

FIG. 7. — Un moulin à vent.

8. Autrefois, la plupart des moulins étaient mis en mouvement par le vent. Celui-ci, en soufflant dans les **ailes** du moulin, les fait tourner de la même façon qu'il fait tourner ces petits instruments de papier que les enfants savent si bien confectionner et fixer au bout d'une baguette. Par des engrenages, les ailes communiquent leur mouvement aux meules. On voit encore quelques **moulins à vent** (*fig.* 7) en certaines contrées de la France.

Mais le vent ne souffle pas toujours, et, quand il souffle, c'est tantôt fortement, tantôt faiblement, ce qui présente

FIG. 8. — Un moulin à eau.

beaucoup d'inconvénients. Aussi, on a remplacé le vent par l'eau. On bâtit les moulins sur le bord des rivières; l'eau courante tombe avec régularité sur les palettes d'une grande roue (*fig.* 8) et la fait tourner; cette roue est reliée par des engrenages avec les meules, qu'elle met en mouvement.

Aujourd'hui, la plupart des grandes minoteries sont mues par une machine à vapeur.

RÉSUMÉ

1. *La farine est une poudre blanche. Elle provient des grains de blé.*

2. *Après la moisson, le blé est battu, vanné et livré au meunier, qui fabrique la farine dans son moulin. Les grains de blé sont écrasés par des meules de pierre et tamisés; la farine est ainsi séparée du son qui est formé par les débris de l'écorce des grains.*

3. *Les moulins à vent sont rares aujourd'hui; beaucoup d'autres sont mus par l'eau des cours d'eau. Les moulins importants ou minoteries sont mus par une machine à vapeur.*

6e LEÇON

Le pain et le boulanger

1. Le pain est un aliment très nourrissant; nous en mangeons à chaque repas et il nous serait difficile de nous en passer. Mais, pour qu'il soit bon, il faut qu'il soit fabriqué avec de la farine de première qualité, et bien cuit; sinon il est lourd à l'estomac et il rend la digestion difficile. De plus, l'emploi de farine **avariée**, c'est-à-dire gâtée, peut être la cause de maladies graves. Il faut aussi manger du pain **frais**; le pain **rassis** moisit très vite et prend mauvais goût: les moisissures pourraient faire du mal à l'estomac ou à l'intestin.

2. Dans les campagnes, beaucoup de ménagères font elles-mêmes le pain pour leur famille; c'est le **pain de ménage**. Il est très bon; mais souvent on en fait trop à la fois, et il perd sa qualité au bout de deux ou trois jours.

Dans les villes ou les bourgs, le pain est fabriqué et vendu par les **boulangers**, qui en font tous les jours, même plusieurs fois par jour; on peut donc à chaque instant l'avoir frais.

Pour fabriquer le pain, il faut d'abord faire la pâte. Dans une grande caisse en bois nommée **pétrin**, le boulanger met une quantité convenable de farine; il y ajoute de l'eau, du sel, un peu de pâte vieille ou **levain**, quelquefois de la **levure de bière**. Puis il pétrit le tout avec les mains. Certains boulangers emploient des pétrisseuses mécaniques. Quand la pâte est bien à point, c'est-à-dire suffisamment dure, on la partage en morceaux ou pains, de même grosseur,

FIG. 9. — Les boulangers.

qu'on place dans des paniers spéciaux. Ces paniers sont alors abandonnés quelque temps, afin que la pâte puisse **lever**, c'est-dire gonfler et se cribler à l'intérieur de nombreux petits trous ou **yeux**.

3. Pendant que la pâte lève, le boulanger chauffe son **four**. Il y jette des fagots de branches de sapin ou autre bois et y met le feu; il reste toujours là, devant l'entrée du four, car il faut que le chauffage soit bien régulier; il ajoute de nouvelles branches à mesure que les autres brûlent. Aussi a-t-il bien chaud, le brave boulanger; c'est pourquoi on le voit nu jusqu'à la ceinture, des sandales aux pieds, vêtu d'un simple pantalon et, par-dessus, un sac plié ou un tablier de toile légère.

Lorsque le four est bien chaud, le boulanger enlève la braise ardente, balaye avec soin le sol et procède à l'**enfournage**. Pour cela, il se sert d'une pelle à long manche. Après l'avoir saupoudrée de farine, il y pose un pain de pâte, pousse la pelle au fond du four, donne un petit coup sec et retire vivement l'instrument; il fait ainsi jusqu'au dernier pain. Il ferme ensuite l'entrée du four avec une plaque de tôle. La cuisson dure environ une heure. De temps en temps, le boulanger jette un coup d'œil sur les pains; quand il voit la croûte bien dorée, il **défourne**, encore avec sa grande pelle, laisse refroidir les pains, puis les brosse et les met à son étalage.

4. La profession du **pâtissier** se rapproche de celle du boulanger. Mais, au lieu de pain, il fabrique les **babas**, les **choux à la crème**, les **brioches**, les **meringues**, les **biscuits**, les **pâtés**, dont les enfants sont si friands. Toutes ces bonnes choses sont faites comme le pain, mais avec des matières différentes. A la farine, le pâtissier ajoute du beurre, du lait, du sucre, de la crème, du cacao, etc.; en un mot, il travaille pour les gourmands.

Les gâteaux sont délicieux sans doute; mais ils causent souvent des indigestions, quand on en mange trop.

RÉSUMÉ

1. *Le pain est un aliment indispensable et très nourrissant quand il est frais et fait avec de la farine de bonne qualité.*

2. *Le pain est fabriqué par le boulanger. Celui-ci pétrit dans son pétrin un mélange de farine, d'eau, de sel et de levain, et en fait une pâte. Il la partage ensuite en pains qu'il laisse lever dans des paniers.*

3. Il fait alors cuire dans un four. Au bout d'une heure, le pain est cuit. Le boulanger le laisse refroidir, le brosse et le met en vente.

4. Le pâtissier fabrique des gâteaux de toutes sortes avec de la farine, du beurre, du lait, de la crème, du sucre, du cacao, de la vanille, etc.

7e LEÇON

Le blé et les céréales. — Le cultivateur

1. Le blé est une plante nommée **céréale**. Sa **tige** est mince, haute et creuse, sauf aux nœuds. Ses feuilles sont longues et étroites; elles entourent la tige à leur base. Les fruits sont des **épis**

Il y a d'autres céréales que le blé. Ce sont : le **seigle**, avec ses épis à longues barbes piquantes ; l'**avoine**, qui sert à la nourriture des animaux; l'**orge**, dont les grains servent à nourrir les chevaux et à la fabrication de la bière ; le **maïs**, qui produit de gros épis à grains dorés dont on fait une farine excellente; le **riz**, cultivé surtout en Italie et en Chine; ses grains fournissent un aliment sain, et avec sa paille on fait des balais et des chapeaux. Le **bambou**, dont on fait des cannes à pêche, est aussi une céréale des pays chauds.

2. C'est le **cultivateur** qui fournit les céréales, sauf le bambou, qui pousse tout seul. Quelle belle vie mène le cultivateur ! Sans doute ses travaux sont pénibles ; mais il vit au grand air ; il est presque toujours dans les champs ; il entend autour de lui le chant des oiseaux; il respire à pleins poumons un air très pur, il est robuste et gai.

3. Quand vient l'automne, le cultivateur commence les **labours**. Avec sa **charrue**, traînée par des bœufs ou de forts chevaux, il trace ses **sillons** (*fig.* 10), accompagné de la gentille alouette qui chante au-dessus de sa tête. Il ne perd pas une minute ; il prépare la terre, car elle doit être remuée pour recevoir les nouvelles semences. Les longues tranches retournées par la charrue s'**aèrent** et deviennent **meubles**, c'est-à-dire moins dures.

Fig. 10. — Le laboureur.

4. Les labours terminés, le cultivateur fait les **semailles.** Il a choisi d'abord ses semences avec soin, prenant les plus beaux grains. Puis il les a mises tremper plusieurs jours dans des cuves contenant de l'eau et de la chaux. Cette opération, nommée **chaulage**, a pour but de tuer les petits insectes ou **charançons** qui se faufilent toujours dans les tas de blé et dévoreraient la plupart des grains dans la terre ; de telle sorte que la récolte serait perdue d'avance.

Pour faire les semailles, le cultivateur emploie un **semoir** en toile ; il le remplit de grains, marche au pas d'un bout à l'autre du champ, et, d'un mouvement régulier, il lance avec sa main libre une poignée de semence à chaque pas (*fig.* 11). Aujourd'hui, dans les grandes fermes, on sème

Fig. 11. — Le semeur et le herseur.

Fig. 12. — Les faucheurs.

à l'aide de **semoirs mécaniques** traînés par des chevaux : le travail est ainsi plus régulier.

Lorsque le champ est entièrement ensemencé, on passe la herse, dont les dents creusent de petits sillons dans lesquels les grains sont enterrés. La herse n'est pas nécessaire avec les semoirs mécaniques.

5. Au printemps, les petites tiges vertes sortent de terre. Avec le temps, elles grandissent, et, vers le mois de juin,

Fig. 13. — Une faucheuse mécanique.

les épis se forment. La chaleur de l'été les fait mûrir, et, aux premiers jours d'août, les épis et les tiges ont pris une belle couleur jaune. C'est le temps de faire la **moisson.**

De bonne heure, souvent avant le jour, les moissonneurs sont à l'ouvrage. Avec leurs **faux** tranchantes (*fig.* 12), ils coupent les tiges et en font de petits tas ou **javelles.** La sueur coule du front des travailleurs ; ils ont très chaud ; mais ils sont contents, car la récolte est abondante.

La faux est, en beaucoup d'endroits, remplacée par des **moissonneuses mécaniques** (*fig.* 13) ; le travail est plus rapide et moins pénible.

Les javelles séchées sont ensuite liées en **gerbes**. Puis viennent les **charrettes** et **chariots**, qui ramènent la récolte dans les granges. Quand la récolte est abondante et les granges pleines, on construit, dans le voisinage de la ferme, des tas de gerbes ou **meules** (*fig.* 14), qu'on couvre

FIG. 14. — Fabrication d'une meule.

avec de la paille. On rentrera ces meules quand il y aura de la place dans les bâtiments.

RÉSUMÉ

1. *Le blé, l'orge, l'avoine, le seigle, le maïs, le riz sont des céréales. Le blé, le maïs, le riz servent à l'alimentation de l'homme; l'orge, l'avoine et le seigle servent surtout à la nourriture des animaux.*
2. *Les céréales sont fournies par le cultivateur.*
3. *Le cultivateur laboure d'abord la terre, à l'automne, à l'aide d'une charrue.*

4. Puis il sème, soit à la main, soit avec des semoirs mécaniques, après avoir eu soin de chauler les semences.

5. Au mois de juillet ou d'août, quand les épis sont mûrs, on fait la moisson. Les blés sont coupés, liés en gerbes et rentrés dans les granges. Souvent aussi on fait des meules.

8e LEÇON

La ferme

1. La ferme est l'habitation du cultivateur. Presque partout, on en trouve plusieurs dans le village même.

Fig. 15. — Vue extérieure d'une ferme.

Quelquefois, cependant, les fermes sont isolées dans la campagne.

Quand on la regarde de loin, la ferme montre une réunion

de **vastes bâtiments** dirigés dans plusieurs sens. On y entre par une large **porte cochère** qui permet aux grosses voitures chargées de gerbes ou de foin de passer facilement. Près de la porte est placée la niche de Médor, le gros chien de garde qui, la nuit, veille, et empêche les voleurs de pénétrer dans la ferme.

2. La porte franchie, on pénètre dans une **cour** spacieuse. Au milieu est installée une **pompe**, et à côté un grand

FIG. 16. — Intérieur de la ferme.

abreuvoir en pierre où viennent boire les bœufs et les chevaux. A droite, à gauche et au fond de la cour se voient les portes des écuries, des étables, des granges, des bergeries, etc.

3. Entrons dans une de ces **écuries**. Comme elle est vaste et bien éclairée! L'air y circule facilement. Le sol est pavé, recouvert de litière fraîche, et creusé de petites rigoles par lesquelles le purin s'écoule et se rend à une fosse spéciale. Au mur, dans le sens de la longueur, sont fixés des anneaux pour attacher les chevaux ou les bœufs, et un **râtelier** dans lequel on place leur nourriture. Au mur opposé sont suspendus les harnais. Dans un coin, un grand coffre de bois, à compartiments, est rempli d'orge et d'avoine : c'est là que les garçons viennent puiser la ration des bonnes bêtes qui rentrent du travail. Tout au fond, derrière une palissade de planches, sont les **poulains** avec leurs mères; ils ont l'air bien gentils, et nous regardent un peu étonnés.

Les **étables**, aussi propres et aussi spacieuses que les écuries, abritent les belles **vaches** tranquilles. Les unes sont debout et montrent leurs mamelles gonflées de lait; les autres sont couchées et ruminent paisiblement. Dans un coin, tout seul, est attaché le **taureau** au cou puissant et aux cornes pointues; il nous regarde de travers, et ses yeux ardents font plutôt peur. Bien plus doux sont les jeunes **veaux** qui gambadent gaiement auprès de leurs mères.

A côté des étables se trouvent les **porcheries**. Leurs habitants ne font pas de bruit : on entend seulement des souffles réguliers, pareils aux ronflements d'un dormeur. Et ils dorment en effet, les énormes porcs : ils font du lard. Ne les troublons pas.

La **grange** est non loin de là; elle abrite les récoltes, dont la **batteuse**, peu à peu, tire les beaux grains dorés de blé, d'orge ou de seigle. De nombreux sacs en sont déjà remplis et vont partir au moulin.

Les **bergeries**, occupées par les moutons, les brebis et les agneaux; les **poulaillers** divers, où habitent les poules, les oies, les canards, les dindons et les pintades; les **clapiers**, avec leurs lapins gras et dodus, sont situés dans une cour plus petite que la première.

4. Les **hangars** diffèrent des autres bâtiments; ils sont adossés au grand mur de la grange, fermés du côté opposé par une cloison légère, et ouverts aux deux bouts. Tous les instruments agricoles, charrettes, charrues, herses, etc., y sont abrités, bien en ordre, et se conservent en bon état : le cultivateur sait, en effet, que sans hangar ses instruments, exposés à tous les temps, seraient vite détériorés, et il tient à ne pas faire de dépenses inutiles.

5. Derrière la ferme, bien exposés au midi, se trouvent le **jardin** et le **verger**. Celui-ci est rempli d'arbres qui fournissent chaque année aux habitants de la ferme d'excellents fruits : pommes, poires, pêches, abricots, etc.

A gauche, dans un endroit entouré d'un treillage de fil de fer, se dresse un énorme tas de **fumier**. Tout près, une **citerne** aux murs cimentés reçoit le purin des écuries et des étables; une **pompe** spéciale permet d'arroser le fumier, tous les jours, avec le purin de la citerne.

RÉSUMÉ

1. *La ferme, habitation du cultivateur, est située dans un village ou isolée dans la campagne.*

2. *Une vaste cour, avec une pompe et un abreuvoir, se trouve au milieu de tous les bâtiments.*

3. *Ces bâtiments sont : le corps de logis, les écuries où logent les chevaux et les bœufs, les étables dans lesquelles on voit les vaches laitières, les granges où l'on remise les récoltes après la moisson, les porcheries, les poulaillers, les bergeries, le pigeonnier, etc.*

4. *Les instruments agricoles sont rangés avec soin sous les hangars.*

5. *Derrière la ferme se trouvent le jardin et le verger. Non loin des bâtiments, on voit le tas de fumier et la fosse à purin.*

9e LEÇON

La viande. — Les mammifères

1. La viande est un aliment solide. Elle nous est fournie par certains animaux de la ferme, le bœuf, le veau, le mouton, le porc, le lapin, et les oiseaux de la basse-cour, poules, dindons, oies, canards, pintades.

Nous mangeons aussi la viande du **gibier à poil**, qui com-

Fig. 17. — Abatage d'un bœuf.

prend le lièvre, le sanglier, le cerf, le chevreuil, et du **gibier à plume** : perdrix, caille, faisan, bécasse, grive, etc.

2. La viande est un excellent aliment. On en fait le pot-au-feu et aussi des rôtis, des grillades, des biftecks, des rosbifs. Quelle que soit la manière dont on l'apprête, la viande doit toujours être bien cuite, car elle pourrait nous communiquer le **ver solitaire** ou la **trichine**; celle-ci occasionne une maladie grave et inguérissable.

Il est bon aussi de ne pas manger trop souvent de la

viande, car elle finirait par fatiguer l'estomac et l'intestin : en faire usage trois fois par semaine est suffisant.

3. Dans les campagnes, les habitants tuent souvent eux-mêmes les porcs, les moutons, les agneaux, les chevreaux, les lapins, pour leur consommation. Mais, dans les villes et les bourgs, c'est le **boucher** qui vend la viande. Il achète un peu partout, aux cultivateurs, les **bêtes de boucherie**, et les met à mort à l'**abattoir**. C'est un établissement spécial, situé presque toujours en dehors de la ville; il est à l'usage de tous les bouchers de l'endroit.

Autrefois, on assommait les gros animaux, comme les bœufs ou les vaches, qui souffraient beaucoup avant de mourir : c'était inhumain. Aujourd'hui, on leur bande les yeux et on leur applique sur le front une plaque d'acier munie d'une pointe ou stylet; un petit coup de masse sur la pointe la fait pénétrer dans le cerveau, et les bêtes tombent foudroyées, sans souffrir.

Des bouchers peu honnêtes pourraient faire tuer des animaux malades et en vendre la viande; ce serait dangereux pour la santé des gens. Heureusement, c'est impossible. Un **vétérinaire** est toujours à l'abattoir; il examine tous les animaux qu'on y amène, et, s'il en trouve un qui soit atteint d'un mal quelconque, il le refuse. La santé publique est ainsi protégée.

Fig. 18. — Le sanglier.

Le **charcutier** est le boucher des porcs et des sangliers. Il vend surtout des jambons, du lard, du saindoux, des côtelettes, etc. Il fabrique aussi du **boudin**, des **saucisses**, des cer-

velas, avec de la viande hachée, du sang, de la graisse et des épices; quand le mélange est bien fait, le charcutier l'introduit dans des morceaux d'intestin grêle, nettoyés et râpés. On voit aussi, à la devanture du charcutier, du **fromage de porc**, fait avec les débris de viande provenant des têtes de sangliers et de cochons.

4. Sauf les oiseaux, les animaux qui fournissent la viande sont des **mammifères**. On les appelle ainsi parce que leurs femelles ont des mamelles par lesquelles s'écoule le lait qui sert à la nourriture des petits. Ils ont également le corps couvert de **poils**.

Parmi les mammifères, il en est qui passent leur temps à ronger les récoltes, les habits ou les provisions. On les appelle **rongeurs** ; les plus connus sont le rat, la souris, le loir, tous nuisibles, le lapin et le lièvre. D'autres ont l'habitude de mâcher deux fois leurs aliments; ils ruminent, comme on dit ; ce sont les **ruminants**, comme le bœuf, la vache, le mouton, la chèvre, le cerf, le chevreuil, le chameau.

FIG. 19. — Le dromadaire.

Les animaux féroces, c'est-à-dire l'ours, le lion, le tigre, la panthère, le loup, le renard, sont des mammifères **carnassiers**, parce qu'ils se nourrissent de chair. Le chat et le chien sont des carnassiers domestiques.

RÉSUMÉ

1. *La viande nous est fournie par des animaux de la ferme, par les oiseaux de la basse-cour, par le gibier à poil et le gibier à plume.*
2. *La viande est un aliment très nourrissant, mais il ne faut pas en*

manger plus de trois jours par semaine, et il est nécessaire qu'elle soit bien cuite.

3. *C'est le boucher qui tue, à l'abattoir, les animaux de boucherie, et en vend la viande. Le charcutier vend surtout de la viande de porc ou de sanglier, ainsi que des saucisses, du boudin et des pâtés.*

4. *La plupart des animaux qui fournissent de la viande sont des mammifères, excepté les oiseaux. Les animaux féroces sont aussi des mammifères.*

10e LEÇON

Le cuir

1. Le cuir provient des peaux des animaux tués à l'abattoir; on utilise aussi celles fournies par le gibier à poil.

Quand les peaux sont employées aussitôt après avoir été enlevées du corps des animaux, elles sont **fraîches**. On appelle **peaux sèches** celles qui viennent de l'Amérique du Sud, où l'on élève, dans les vastes prairies des **pampas**, d'immenses troupeaux de bœufs et de moutons.

2. L'ouvrier qui fabrique le cuir est **le tanneur**. Il met d'abord tremper, pendant quelques jours, les peaux dans de grandes cuves remplies d'un liquide spécial, pour les ramollir. Puis il procède à l'**épilage**; c'est une opération qui consiste à débarrasser les peaux de leurs poils; elle se fait à l'aide d'un **piloir** ou couteau émoussé, qu'on passe à plusieurs reprises tout le long des peaux étendues sur une espèce de cheval de bois.

Après l'épilage, les peaux sont plongées de nouveau dans des cuves pleines d'un liquide spécial, pour les faire gonfler. Au bout de quelque temps, on les retire et on les met à **tanner**. Dans de grandes fosses en bois ou en maçonnerie, on place une couche de **tan**, puis une couche de peaux, une deuxième couche de tan, et ainsi de suite jusqu'à ce que la fosse soit remplie. Le tannage dure longtemps; celui d'une peau de bœuf dure souvent plus d'une année.

Le tan est de l'écorce de chêne séchée et pulvérisée. Peu à peu, il pénètre dans tous les petits trous des peaux, qu'il empêche alors de pourrir.

FIG. 20. — Une tannerie.

Quand la transformation en cuir est complète, on retire les peaux des fosses et on les livre au **corroyeur** (*fig.* 21). Cet ouvrier, dont le travail est très pénible, égalise les plaques de cuir et les assouplit à l'aide d'un instrument de bois ressemblant à un tampon-buvard et nommé **paumelle**. Le cuir est ensuite mis en vente.

3. Il y a plusieurs sortes de cuir : 1° le **cuir fort**, qui provient des peaux dures du bœuf, de la vache, du chameau, du cheval, du mulet, etc. ; 2° le **cuir souple**, qu'on obtient avec les peaux du chevreau, de l'agneau, etc. ; 3° le **cuir fin**, tiré de peaux d'animaux divers. Le **maroquin** est un cuir riche, jaune, bleu, violet ou rouge, fait avec des peaux de bouc ou de mouton, mais tannées avec de la noix de galle au lieu de tan. Le **cuir de Russie** est préparé avec des peaux fines, tannées comme le cuir ordinaire, mais trempées ensuite dans un liquide obtenu en faisant bouillir dans l'eau de l'écorce de saule ou de bouleau.

4. Le cuir a de nombreux usages. Le **cordonnier** en fait des chaussures de toutes sortes. Avec le cuir fort, il confectionne les **bottes** et les solides **souliers** des ouvriers des champs et de ceux qui marchent beaucoup; avec le cuir souple, il fabrique les souliers plus légers et les **bottines** élégantes. Le cordonnier se sert du **tranchet** pour couper le cuir; il coud les différentes pièces des chaussures avec une aiguille emmanchée ou **alène** et du **fil poissé** qu'il fabrique lui-même avec de la ficelle et de la **poix**.

Fig. 21. — Le corroyeur.

Le **sellier**, nommé quelquefois bourrelier, n'emploie guère que du cuir fort, car les **harnais** qu'il fabrique, colliers, selles, sellettes, brides, licous, etc., doivent être très résistants. Il fait usage, comme le cordonnier, d'alènes, de tranchets, de poix et de fil poissé; mais il emploie aussi d'autres instruments.

Le cuir sert encore à la fabrication de beaucoup d'autres objets. Le **mégissier** en confectionne des valises, des sacoches, des gibecières, des porte-monnaie, des portefeuilles, des ceintures. Avec du cuir très fin et délicat, le **gantier** fait les gants. On fabrique également des casques de soldats, des tabatières, des chapeaux avec du cuir bouilli dans un mélange de cire et de résine.

RÉSUMÉ

1. *Le cuir est fabriqué par le tanneur avec les peaux des animaux.*

2. *Ces peaux sont d'abord débarrassées de leurs poils, puis entassées avec du tan dans de grandes fosses. Au bout d'un temps assez long, les peaux sont transformées en cuir.*

3. *Il y a plusieurs qualités de cuir : le cuir fort, le cuir souple et le cuir fin. Le maroquin est un cuir riche, fabriqué d'une façon spéciale.*

4. *Avec le cuir fort et le cuir doux, le cordonnier confectionne les souliers, les bottes et les bottines; le sellier ou bourrelier en fabrique des harnais. Avec le cuir tout à fait fin, le gantier fait les gants, et le mégissier fabrique des porte-monnaie, des portefeuilles, des gibecières, des sacoches, etc.*

11e LEÇON

Les fourrures

1. Toutes les peaux ne sont pas transformées en cuir. Celles qui proviennent d'animaux ayant un chaud **pelage** sont utilisées pour la préparation des **fourrures, pelisses, manchons, boas**, que les dames portent autour du cou l'hiver.

Certaines fourrures sont d'une qualité médiocre et d'un prix peu élevé : elles proviennent des peaux de chat angora, de putois, de fouine, quelquefois même de lapin. Mais les vraies fourrures coûtent très cher et résistent longtemps : elles sont fournies par des animaux rares, vivant dans les pays les plus froids, et difficiles à capturer, comme le **renard bleu, la zibeline**, dont une seule peau vaut jusqu'à 500 francs, **l'hermine**, le **castor**, la **loutre**, et enfin l'**ours**, le plus dangereux de tous.

2. C'est pendant l'hiver qu'il faut se procurer la peau de ces animaux, car à ce moment le poil est plus épais, plus long et par conséquent plus chaud. Mais, à cette époque aussi, la chasse est plus dangereuse. Elle se fait dans des pays glacés, des contrées sauvages, presque toujours des montagnes escarpées, inhabitées, où les hardis chasseurs ne trouvent d'autres ressources que celles que leur pro-

Fig. 22. — Chasse à l'ours.

curent leur courage et leur force. Pas de maison pour s'abriter et dormir la nuit : rien qu'une tente de toile et des couvertures; c'est un rude métier. Souvent aussi, ceux qui cherchent l'ours dans les plaines glacées de la Russie, de la Sibérie et de l'Amérique du Nord risquent leur vie en des luttes terribles (*fig.* 22). Bien des fois, l'animal blessé, furieux, s'élance sur le chasseur qui, le fusil déchargé, n'a plus que son couteau. L'homme et la bête s'enlacent, luttent corps à corps; les griffes puissantes s'enfoncent dans les chairs du courageux chasseur, l'énorme gueule menace de le broyer. Il n'a pas peur pourtant : un coup de couteau, donné d'une main qui ne tremble pas, tue net le féroce animal...

3. Les peaux à fourrures, grossièrement préparées par les chasseurs, sont vendues à des commerçants spéciaux qui les expédient aux **pelletiers.** On appelle ainsi ceux qui apprêtent les fourrures d'une façon définitive. Le métier de pelletier est très délicat; ce n'est pas chose facile de conserver aux poils tout leur brillant, leur couleur, de les maintenir bien attachés à la peau, et en même temps d'empêcher celle-ci de se gâter. Aussi les belles fourrures sont très chères : certaines pelisses de zibeline coûtent jusqu'à 5.000 francs.

4. Parmi les animaux à fourrures, **la loutre** (*fig.* 23) existe dans nos pays. C'est un mammifère de 50 à 60 centimètres de long, sans compter la queue qui est très garnie et très belle. Elle vit sur le bord des cours d'eau, car sa nourriture préférée est le poisson; les doigts de ses pieds sont réunis par une membrane, ce qui lui permet de nager facilement et d'attraper même les gros brochets. On chasse la loutre au fusil, avec l'aide de chiens d'arrêt, qu'elle mord cruellement quelquefois. La peau de la **loutre du Canada**

Fig. 23. — Loutre.

a plus de valeur et donne une plus belle fourrure que celle de la loutre de France.

5. Le **castor** est aussi un mammifère; il vivait autrefois sur les bords du Rhône, mais aujourd'hui on le trouve surtout au Canada. Il est plus gros que la loutre et remarquable par les travaux qu'il exécute; il nage facilement; ses incisives sont très fortes et peuvent couper des arbres.

Fig. 24. — Castors et leurs habitations.

L'été, les castors restent seuls dans des terriers sur le bord d'un cours d'eau. Mais, au commencement de la mauvaise saison, ils se réunissent quelquefois au nombre de 300 ou 400 pour construire leur demeure d'hiver. Ils choisissent un lac ou un cours d'eau assez large, abattent des arbres et établissent une digue pour protéger leurs **huttes** (*fig.* 24).

La peau du castor, d'un brun roux, quelquefois d'un beau noir, donne une fourrure très recherchée, mais qui devient de plus en plus rare.

RÉSUMÉ

1. *Les fourrures sont préparées avec les peaux, non débarrassées de leurs poils, d'animaux rares, comme l'hermine, la zibeline, la martre, le castor, la loutre et l'ours.*

2. *La plupart de ces animaux vivent dans les régions les plus froides de la terre, où de hardis chasseurs vont, l'hiver, les poursuivre au prix de mille dangers.*

3. *C'est le pelletier qui prépare les fourrures et en fait des manchons, des boas, des pelisses.*

4. *La loutre est un animal à fourrure de nos pays. Elle vit sur les bords des cours d'eau et se nourrit de poisson.*

5. *Le castor vit surtout sur les bords des lacs et des rivières du Canada. On lui fait une chasse active.*

12e LEÇON

Les oiseaux

1. Les oiseaux sont des animaux dont le corps est couvert de plumes; ils ont des ailes qui leur permettent de voler; leur bouche est remplacée par un bec en corne, tantôt pointu, tantôt en forme de crochet; ils n'ont pas de dents; beaucoup d'entre eux se nourrissent de graines, d'insectes qu'ils attrapent en volant, et de fruits; d'autres, ceux qui ont le bec crochu, comme l'aigle (*fig.* 25), le vautour, l'épervier, le hibou, se nourrissent de chair.

Fig. 25. — Aigle.

Les oiseaux construisent des **nids** pour se loger; ils les bâtissent le plus souvent dans les branches des arbres ou au milieu des buissons. Ces nids sont faits avec de petits morceaux de bois que le père et la mère ramassent peu à peu et disposent avec un soin admirable; ils en tapissent l'intérieur avec des plumes qu'ils s'arrachent à eux-mêmes, avec des brins de paille ou des brins de laine tombés de la toison des moutons. L'hirondelle et le martinet établissent leurs nids dans nos maisons, sous les hangars ou dans les étables; ils n'emploient point de bois, mais de la terre dont ils font un mur courbé, comme de véritables maçons. D'autres oiseaux, enfin, construisent leurs nids par terre, dans les champs ou dans le creux des rochers.

2. Le nid terminé, la femelle pond ses œufs et les **couve.** La chaleur de son corps fait développer le petit oiseau à l'intérieur de l'œuf, et au bout de quelques jours il **éclôt,** c'est-à-dire brise la coquille et sort. Pendant un certain temps, le père et la mère soignent leurs petits avec beaucoup de dévouement, leur apportant la **becquée** qui les nourrit; puis les plumes poussent, les jeunes s'essayent à voler, et, quand ils sont tout à fait forts, ils quittent le nid et vont chercher eux-mêmes leur nourriture.

Les œufs des oiseaux de basse-cour, des poules surtout, sont un aliment sain et nourrissant. On les mange **à la coque, sur le plat,** ou on en fait d'excellentes **omelettes.** Il est très bon aussi de les **gober** crus.

3. La plume des oiseaux est utile. La plus employée provient des oiseaux de la basse-cour; la plume fine ou **duvet** sert à faire les **édredons** et les **oreillers** qui tiennent si chaud l'hiver. Le meilleur duvet est celui d'un oiseau semblable au canard et nommé **eider**; il vit dans les pays froids et son plumage noir et blanc est très épais.

Les grosses plumes des ailes et de la queue étaient autrefois taillées et servaient à écrire; on ne les emploie plus guère aujourd'hui. Les plumes d'**autruche** sont recherchées pour orner les chapeaux de dames.

4. La plupart des oiseaux sont utiles; il faut donc éviter de les dénicher. Les uns, comme la **mésange,** le **pinson,** le **linot,** le **bouvreuil,** etc., détruisent les chenilles qui dévoreraient les bourgeons des arbres de nos jardins et nous priveraient des bons fruits que nous aimons tant. Le **moineau** mange bien, à l'été, quelques grains de blé, mais ce n'est rien en comparaison de ce qu'il attrape d'insectes. La **cigogne** dévore les serpents. Le **hibou** (*fig.* 26), **la chouette** et le **chat-huant** (*fig.* 27) se nourrissent de souris, de rats, de loirs et de mulots. Le cultivateur qui cloue les chouettes

Fig. 26. — Hibou.

Fig. 27. — Chat-huant.

à la porte de sa grange est donc bien coupable et se fait tort à lui-même en tuant des oiseaux qui lui rendent service.

Au contraire, il est bon d'en détruire d'autres qui sont nuisibles. Ce sont : **l'aigle**, qui s'attaque aux agneaux et enlève parfois de petits enfants ; **l'épervier**, **la buse**, **le milan**, qui sont méchants et se nourrissent d'hirondelles, de mésanges, de fauvettes et autres oiseaux utiles.

RÉSUMÉ

1. *Les oiseaux sont des animaux dont le corps est couvert de plumes ; ils ont un bec en corne et des ailes pour voler ; ils logent dans des nids.*

2. Les femelles pondent des œufs qui donnent naissance aux petits. Les œufs des oiseaux de la basse-cour forment un excellent aliment.

3. Le duvet ou plume fine sert à faire les oreillers et les édredons. Les grosses plumes de l'autruche servent à orner les chapeaux.

4. Presque tous les oiseaux sont utiles; ils dévorent les chenilles et les insectes; la chouette et le chat-huant détruisent les rats et les souris. L'aigle, l'épervier, le milan et la buse sont des oiseaux nuisibles.

13e LEÇON

Reptiles et batraciens

1. Les **reptiles** sont dépourvus de membres; ou bien, s'ils en ont, ces membres sont placés sur les côtés du corps, et celui-ci touche toujours le sol. Les reptiles sans membres sont les **serpents**. Ceux qui ont des membres comprennent les **tortues** et les **crocodiles**.

2. Les serpents ont le corps couvert d'écailles; leur langue est fourchue, leurs dents nombreuses et pointues, et, quand on touche l'un d'eux avec la main, on éprouve une sensation de froid tout à fait désagréable.

Fig. 28. — Vipère.

Certains serpents sont **venimeux**, leur morsure occasionne souvent la mort ; dans nos contrées, la **vipère** (*fig.* 28) est le seul serpent de cette classe. Si l'on est mordu par une vipère, il faut tout de suite brûler la blessure avec un fer rouge ou de l'ammoniaque; de cette façon, il n'y a rien à craindre. Le **serpent à sonnettes**, très venimeux, vit en Amérique. En Asie, on rencontre le **cobra**, qui fait mourir près de vingt mille personnes par an. En Afrique vivent la **vipère à corne** et l'**aspic**, dont la morsure est toujours mortelle.

FIG. 29. — Boa enlaçant un bœuf.

Parmi les serpents non venimeux, il faut citer la **couleuvre**; elle se nourrit de grenouilles, d'œufs et de petits oiseaux qu'elle glace de peur en les regardant fixement et attire dans sa gueule ouverte. Le **boa** vit en Amérique et en Afrique; il est de grande taille et atteint jusqu'à 12 mètres de long; il est assez fort pour étouffer un bœuf en l'entourant de ses anneaux (*fig.* 29); quand il l'a étouffé, il le réduit en bouillie et l'avale d'un seul morceau.

3. Les tortues vivent sur terre et dans l'eau. Leurs écailles sont durcies et forment une **carapace** dans laquelle l'animal peut se cacher tout entier; on a vu des voitures passer sur une carapace de tortue sans l'écraser. Certaines tortues de mer sont très grosses et mesurent près de 1 mètre de large; les habitants des bords de la mer les utilisent comme aliment; les œufs de tortue sont, paraît-il, délicieux.

Les crocodiles n'existent pas en France; on les rencontre dans les fleuves de l'Afrique, de l'Amérique et de l'Asie. Ce sont des bêtes vilaines et dangereuses (*fig.* 30); elles ont une énorme gueule garnie de dents longues et

FIG. 30. — Crocodile.

pointues, et elles croquent un homme en quelques minutes lorsqu'elles peuvent l'attraper. Les **lézards** sont de petits reptiles inoffensifs; ils se nourrissent d'insectes.

4. On appelle **batraciens** des animaux qui vivent dans l'eau et sur la terre; ils ont des membres et leur peau n'est pas couverte d'écailles comme celle des reptiles. Les plus communs sont les **grenouilles** et le **crapaud** (*fig.* 31).

FIG. 31. — Crapaud.

Les grenouilles sont souvent nombreuses dans les mares et les étangs, et le soir, à la tombée de la nuit, au printemps et à l'été, elles font entendre leurs **coassements** qui retentissent dans le silence de la campagne. Quand elles sont toutes jeunes, les grenouilles s'appellent **têtards**; ceux-ci ont une longue queue, mais pas de membres. Au bout d'un certain temps, les têtards perdent leur queue ; il leur pousse quatre pattes et ils deviennent grenouilles. La **rainette** est une grenouille verte qui grimpe quelquefois sur les arbres.

Le crapaud a la même forme que la grenouille, mais il a sur le dos un grand nombre de verrues qui le rendent vilain et repoussant. Il est cependant très utile, car, dans les jardins où il vit, il détruit beaucoup d'insectes. Les Anglais le protègent soigneusement ; on dit même qu'ils viennent en acheter en France pour les placer dans leurs jardins.

RÉSUMÉ

1. *Les reptiles rampent sur le sol. Ils ont le corps couvert d'écailles, et comprennent les serpents, les tortues et les crocodiles.*

2. *Les serpents venimeux sont la vipère, le serpent à sonnettes et le cobra. La couleuvre et le boa ne sont pas venimeux.*

3. *Les tortues ont le corps protégé par une carapace; elles vivent sur la terre ou dans la mer. Les crocodiles habitent les fleuves des pays chauds. Les lézards sont de petits crocodiles qui se nourrissent d'insectes.*

4. *Les grenouilles et le crapaud sont des batraciens. Ils ont la peau nue et peuvent vivre aussi bien sur la terre que dans l'eau. Le crapaud est très utile : il dévore une grande quantité d'insectes.*

14e LEÇON

Les poissons

1. Les poissons vivent toujours dans l'eau ; ils meurent au bout de quelques minutes quand on les place dans l'air. Leur corps est couvert d'**écailles** qui se recouvrent en partie comme les ardoises ou les tuiles d'un toit ; leurs membres sont remplacés par des **nageoires**, et leur queue sert de **gouvernail**.

Beaucoup de poissons vivent dans les cours d'eau; on les appelle **poissons d'eau douce**; ce sont : le **goujon**, la **carpe**, la **perche**, le **gardon**, la **truite**, l'**ablette**, le **brochet**, etc. Le brochet (*fig.* 32) est très vorace; sa gueule est garnie de nombreuses dents; il se nourrit d'autres poissons qu'il chasse avec férocité.

Fig. 32. — Brochet.

Les autres poissons vivent dans la mer; tels sont le

Fig. 33. — Pêcheur à la ligne.

rouget, le **hareng**, le **thon**, la **morue**, la **sardine**, etc. Le **requin** est aussi un poisson; il peut avoir 6 mètres de long et peser 150 kilogrammes. Il est d'une voracité sans pareille.

Souvent on en voit des bandes suivre les navires et se précipiter sur tout ce qu'on jette à l'eau. Malheur alors au marin qui tombe à la mer : le requin s'élance et, en quelques secondes, l'homme a disparu dans la redoutable gueule.

2. La chair des poissons est un bon aliment; elle contient des substances qu'on ne trouve pas dans les autres viandes et elle est facile à digérer ; aussi, elle convient très bien aux personnes dont l'estomac est fatigué.

Fig. 34. — Barque de pêche.

L'art de prendre les poissons s'appelle la **pêche**. Dans les rivières et les canaux, elle se pratique le plus souvent à l'aide de **lignes**, morceaux de fil de soie ou de crin de cheval tressé, terminés au bas par un petit crochet d'acier nommé **hameçon**, auquel on accroche l'appât dont le poisson est friand. La ligne est munie d'un **flotteur** en liège, et attachée au bout d'une longue **canne** de roseau ou de bambou que le pêcheur tient à la main (*fig.* 33). La pêche fluviale se fait aussi avec des filets, **éperviers**, **verveux**, ou avec des **nasses** en osier.

La pêche en mer est plus importante que la pêche fluviale; elle est une profession pour beaucoup d'habitants des côtes et procure les poissons qu'on trouve sur les marchés des grandes villes. Elle se fait en **barque** (*fig.* 34). Chaque barque est montée par plusieurs marins qui vont au large, souvent à 10 ou 15 kilomètres du rivage, tendre et relever leurs filets. Chaque année même, des navires partent des ports et vont, les uns à Terre-Neuve pêcher la **morue**, les autres en Islande pêcher le **hareng**; ils ne reviennent qu'après de longs mois, avec une véritable cargaison.

3. La **morue** (*fig.* 35) fournit une chair excellente. De son foie, on extrait une huile que tous les enfants devraient boire, car elle fortifie beaucoup.

Fig. 35. — Morue.

Le hareng fournit également un aliment très répandu. Il vit surtout dans la mer du Nord et les autres mers froides, en bandes considérables. Tous les ans, plus de cent mille pêcheurs sont occupés à la pêche des harengs; elle se fait à l'aide de grands filets; on entasse les poissons pris dans des barils et on les sale. En Norvège seulement, on en prend chaque année près de un milliard. On conserve aussi le hareng en le **fumant** dans des cheminées spéciales; il prend alors une couleur brun doré et s'appelle **hareng saur**.

La sardine est semblable au hareng, mais plus petite; elle vit en bandes nombreuses sur les côtes de France, dans l'Océan et la mer Méditerranée; les pêcheurs en prennent tous les ans des quantités considérables. On mange les sardines aussitôt pêchées, frites ou grillées; mais la plus grande partie est conservée dans des boîtes en fer-blanc qu'on trouve chez tous les épiciers.

RÉSUMÉ

1. *Les poissons vivent toujours dans l'eau ; ils ont le corps couvert d'écailles et leurs membres sont des nageoires. On distingue les poissons d'eau douce et les poissons de mer. Le requin est très vorace.*

2. *La chair des poissons est un bon aliment fourni par les pêcheurs. La pêche fluviale se fait à la ligne et au filet. La pêche maritime est plus importante ; elle se fait en barque et avec de grands filets qu'on va tendre quelquefois très loin.*

3. *La pêche de la morue, du hareng et de la sardine est très développée. Ces poissons vivent par bandes nombreuses et on en prend des quantités considérables.*

15e LEÇON

Les Invertébrés

1. Le corps de l'homme, des mammifères, des oiseaux, des reptiles, des batraciens et des poissons renferme des **os**, dont quelques-uns sont nommés **vertèbres**. Tous les animaux qui ont des os sont appelés **vertébrés**. Au contraire, les animaux qui n'ont pas d'os sont désignés sous le nom d'**invertébrés**.

Les invertébrés sont nombreux, et il y en a de plusieurs sortes. On les partage en **escargots**, en **vers**, en **écrevisses**, en **araignées** et en **insectes**.

2. Tout le monde connaît les escargots ; on les voit, à la rosée ou après la pluie, sortir de leur cachette et se promener sur la terre, les herbes ou les feuilles des plantes, en montrant leurs cornes. Les uns sont gros, les autres petits, mais tous rentrent immédiatement dans leur **coquille** dès qu'on les touche.

Le **limaces** sont des escargots sans coquille ; elles vivent dans les endroits humides, dans les jardins, et se cachent dans les feuilles des choux et des salades.

Beaucoup d'animaux du même groupe vivent dans l'eau des mers et des cours d'eau. Certains d'entre eux ont une coquille formée de deux pièces qui s'ouvrent et se ferment comme un porte-monnaie; telles sont l'**huître**, la **moule** (*fig.* 36) et la **clovisse**; elles fournissent une excellente nourriture.

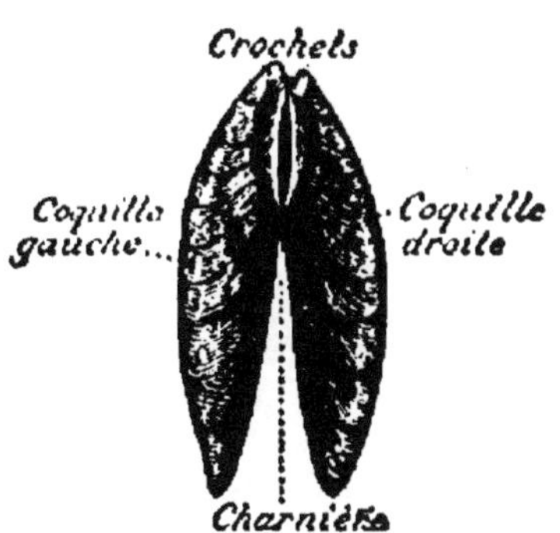

Fig. 36. — Moule.

3. Les vers ont le corps allongé, formé d'anneaux et dépourvu de membres. Le ver de terre est commun, il ne fait aucun mal. La **sangsue** est un ver utile employé en médecine. Le **ver solitaire** et la **trichine** vivent dans le corps de l'homme et des animaux; ils peuvent causer des maladies graves.

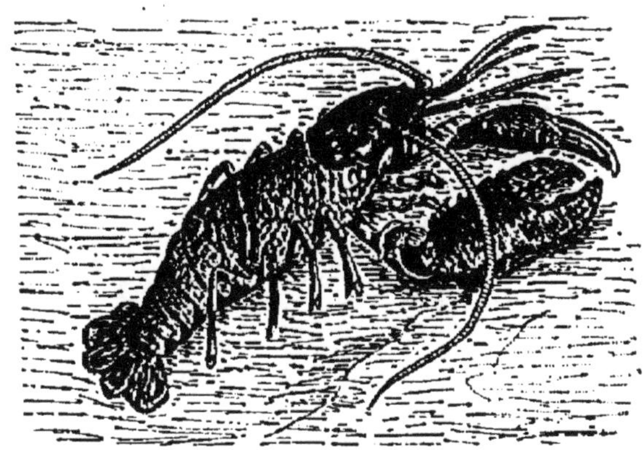

Fig. 37. — Homard.

4. Les écrevisses ont le corps recouvert d'une croûte dure; elles ont de gros yeux noirs ou bruns portés au bout d'une espèce de pied; leurs pattes sont nombreuses, et les deux premières sont terminées par une **pince**, assez forte pour faire mal quand elles attrapent le doigt. **Les écrevisses** ordinaires vivent dans les rivières aux eaux claires; leur chair est excellente. D'autres animaux du même groupe, mais plus gros, vivent dans la mer. Ce sont : la **langouste**, le **homard** (*fig.* 37), avec lesquels on fait des conserves de viandes en boîtes ; le **crabe** (*fig.* 38), qui court avec rapidité sur les rochers des côtes; il atteint quelquefois 60 centimètres de large ; sa chair est aussi estimée.

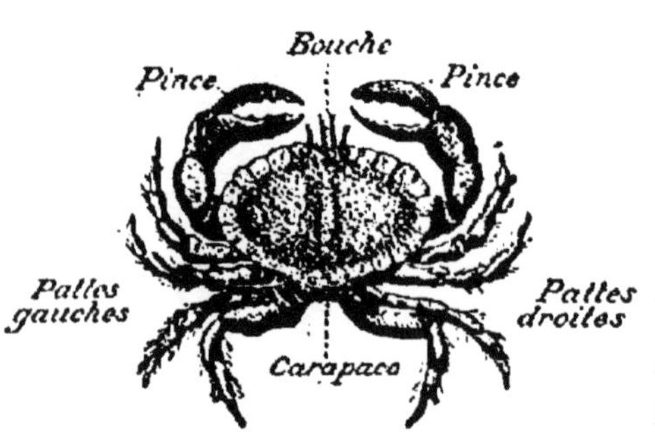

FIG. 38. — Crabe.

5. Les araignées sont répandues partout ; elles tissent leurs toiles dans les coins des murs, pour attraper les mouches dont elles font leur nourriture. Le **scorpion** (*fig.* 39) est une araignée; il vit dans le Midi de la France et en Afrique ; son corps est allongé et terminé par un **dard**; sa piqûre est dangereuse, mais elle ne cause pas la mort, comme on le croit, si on a soin de brûler la blessure avec de l'ammoniaque ou un fer rouge, comme pour la morsure de la vipère.

FIG. 39. — Scorpion.

6. Quant aux insectes, ils sont nombreux. Quelques-uns ont des ailes et volent; ce sont les **mouches**, les **abeilles**, les **guêpes**, les **hannetons**, les **moustiques**, les **papillons**, etc. D'autres ont les pattes de derrière plus longues que les autres et sautent; telles sont les **sauterelles** et les **puces**.

D'autres encore marchent simplement, comme les **cafards** et les **scarabées**. Plusieurs enfin nagent dans l'eau.

La plupart des insectes sont nuisibles. Le **phylloxera** s'attaque aux racines de la vigne; les puces, les poux, les punaises et les moustiques sucent le sang de l'homme; les **taons** piquent les chevaux et les bœufs, l'été; le **hanneton** dévore les feuilles et les bourgeons des plantes, au printemps; les **criquets** ou sauterelles causent quelquefois de grands ravages en Algérie. Cependant le ver à soie et les abeilles sont utiles.

RÉSUMÉ

1. *L'homme, les mammifères, les oiseaux, les reptiles, les batraciens et les poissons sont des vertébrés. Tous les autres animaux sont des invertébrés, parce qu'ils n'ont pas d'os. On les partage en escargots, vers, écrevisses, araignées et insectes.*

2. *Les escargots ont une coquille, sauf les limaces. L'huître et la moule sont des escargots de mer; leur chair est très bonne.*

3. *Certains vers sont nuisibles, comme le ver solitaire; la sangsue est un ver utile. Le scorpion est une araignée venimeuse.*

4. *La plupart des insectes sont nuisibles, comme le hanneton, le phylloxera, les sauterelles; le ver à soie et les abeilles sont utiles.*

16e LEÇON

Les légumes et le potager

1. Le pain et la viande ne sont pas les seuls aliments; nous mangeons aussi des légumes de toutes sortes; certains d'entre eux sont presque aussi nécessaires que le pain, par exemple la pomme de terre, qu'on appelle souvent **pain du pauvre**.

Les légumes proviennent de végétaux dont on utilise la racine, la tige, les feuilles, les fruits ou les graines. Ainsi, nous mangeons les racines de la **carotte**, du **navet**, du **radis**, les feuilles du **chou**, des **salades**, de l'**oseille**, de l'**épinard**, du **persil**, les graines du **haricot**, des **pois**, des **fèves**, des **lentilles**, etc. Dans **l'oignon**, **l'ail**, le **poireau**, on ne mange que le bas de la tige; dans **l'asperge**, le haut de la tige jeune, et dans **l'artichaut**, les feuilles qui entourent la fleur. Le **céleri** nous donne à la fois sa racine, sa tige et ses feuilles. Les **pommes de terre** sont des renflements de la tige et non de la racine, comme on le croit souvent.

Quelques légumes sont mangés crus, avec un assaisonnement : ce sont les salades, les radis, parfois l'artichaut et le céleri. Tous les autres sont consommés cuits. Le cerfeuil, le persil, l'oignon et l'ail sont le plus souvent coupés en petits morceaux et servent à assaisonner.

2. La pomme de terre est certainement le plus important des légumes. Il y a environ deux cents ans qu'on la connaît en France; elle y a été introduite par **Parmentier**, qui l'apporta d'Allemagne. Depuis, elle s'est répandue partout, et il serait fort pénible de s'en passer. La culture de la pomme de terre est facile, et elle produit beaucoup, quand on a soin d'enlever souvent les mauvaises herbes et de bien **butter** les tiges, ce qui fait grossir les tubercules.

Les pommes de terre se mangent de plusieurs façons : on les met dans le pot-au-feu, on les fait frire à la poêle, on en prépare des purées et des gratins délicieux; enfin on les mange simplement bouillies avec du sel et du beurre.

3. Les légumes sont cultivés dans le **potager**; on appelle ainsi la partie du jardin réservée aux choux, aux carottes, aux salades, aux poireaux, aux oignons, etc.; on n'y voit pas souvent de fleurs, si ce n'est sur le bord des allées.

Le **jardinier** est l'ouvrier qui s'occupe à la fois du jardin et du potager. Au printemps, il laboure la terre; mais, comme il ne peut employer la charrue, il fait son travail entièrement à la main, à l'aide d'une **bêche** (*fig.* 40). Quand il a fini, il égalise la terre et brise les mottes avec un

râteau (*fig.* 41), puis il divise le potager en un certain nombre de petits rectangles appelés **plates-bandes**, et dans chacun d'eux il sème une seule sorte de légumes. Ceux-ci poussent assez vite, si on a soin de les débarrasser de temps en temps des mauvaises herbes qui les étoufferaient; cette besogne

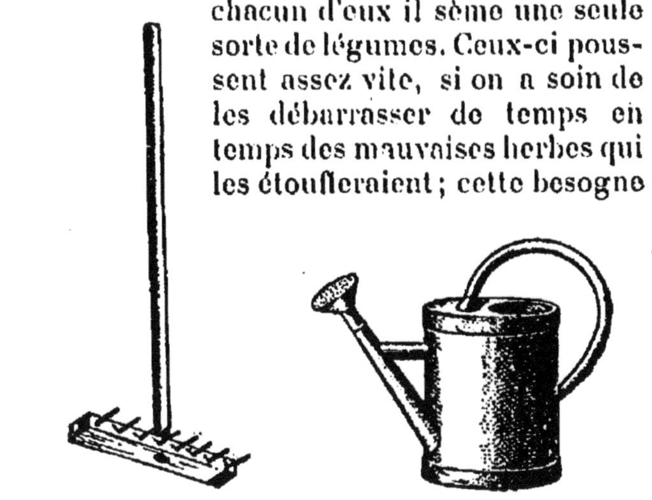

Fig. 40. — Bêche. Fig. 41. — Râteau. Fig. 42. — Arrosoir.

se fait avec un **sarcloir**. Enfin, au moment des chaleurs, les légumes ont besoin d'eau : on leur en donne à l'aide d'un **arrosoir** (*fig.* 42) qu'on remplit à la citerne ou au puits.

4. A la campagne, presque tous les habitants ont un jardin qui leur procure les légumes dont ils ont besoin. Il n'en est pas de même dans les grandes villes. Le **maraîcher** cultive alors des légumes pour tout le monde. Non loin de la ville, il possède un champ plus ou moins grand et le travaille avec beaucoup de soin et d'activité; il ne laisse pas inoccupé le moindre petit bout de terrain; aussitôt récolté, aussitôt replanté; toutes les après-midi, il pioche, bêche, sème ou arrose; le soir, il recueille ce qui est mûr, et le lendemain de bonne heure, il charge sa charrette et amène aux halles ou au marché les légumes que les ménagères vont acheter aux revendeurs.

RÉSUMÉ

1. *Les légumes sont des aliments fournis par les végétaux; les plus importants sont la pomme de terre, le chou, le navet, la carotte, le poireau, l'oignon, l'ail, le radis, le haricot, le pois, la fève, la lentille, l'artichaut et les salades.*

2. *La pomme de terre a été introduite en France par Parmentier; elle constitue un aliment sain et nourrissant.*

3. *Les légumes sont cultivés dans le potager par le jardinier. Il se sert d'une bêche et d'un râteau pour remuer la terre, et il arrose ses légumes avec un arrosoir.*

4. *Les légumes qu'on vend sur les marchés des villes sont fournis par le maraîcher.*

17e LEÇON

Les plantes

1. Les végétaux sont souvent appelés **plantes**. Une plante comprend généralement plusieurs parties : la **racine**, la **tige** avec ses branches et les **feuilles** (*fig.* 43). A une certaine époque de l'année, des **fleurs** apparaissent sur les branches, puis disparaissent en produisant les **fruits**. Quelques plantes, le sapin, le pin, le cyprès, conservent toujours leurs feuilles, mais beaucoup les perdent à l'automne; elles en poussent d'autres au printemps suivant.

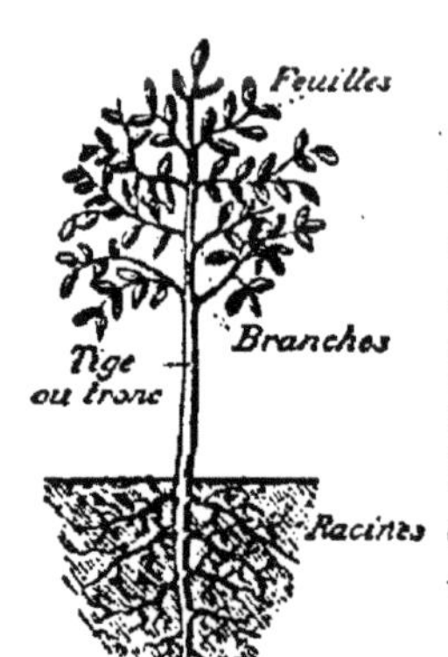

Fig. 43. — Plante et ses différentes parties.

On emploie différents noms pour désigner les plantes. Celles qui n'ont jamais plus de 1 mètre environ de hauteur et dont la tige sèche en même temps que les feuilles s'appellent **herbes**. Les **arbres** sont des plantes dont la hauteur atteint plusieurs mètres ;

leur tige est formée de bois et dure toujours. Les **arbustes** ou **arbrisseaux** sont de petits arbres.

Les **mousses**, qu'on trouve dans les endroits humides, sur les toits et sur les rochers, ont une tige et des feuilles, mais pas de racines. Les **algues**, qui vivent dans la mer, et les **champignons** n'ont ni racine, ni tige, ni feuilles, ni fleurs.

2. Les racines des plantes ne sont pas toutes semblables : on le voit très bien en comparant les racines du blé à celles d'un rosier; les premières sont toutes les mêmes; elles partent du bas de la tige et forment comme une **chevelure**; les secondes, au contraire, sont différentes: il y en a une

Fig. 44.
Ficus avec racines aériennes.

plus grosse que les autres, elle ressemble à un **pivot** duquel partent les plus petites.

Chez la plupart des plantes, les racines s'enfoncent dans la terre et sont invisibles. Il n'en est pas toujours ainsi. Les arbres de grande taille, comme les **ficus** (*fig.* 44), ont en plus des **racines aériennes**; elles se forment sur les branches, descendent vers le sol et s'y enfoncent; on croirait alors que le même arbre a plusieurs tiges.

La racine est une partie importante du végétal; elle le maintient solidement fixé au sol et empêche le vent de le faire tomber. Elle puise aussi dans la terre les aliments de la plante; ces aliments sont des matières terreuses et salines; en se fondant dans l'eau, elles forment la **sève** qui monte dans les fins canaux de la racine; on voit l'ouverture de ces canaux quand on coupe une racine jeune (*fig.* 45) et qu'on la regarde avec une loupe. La sève est pour ainsi dire le sang des plantes : elle se répand dans toutes leurs parties et les nourrit.

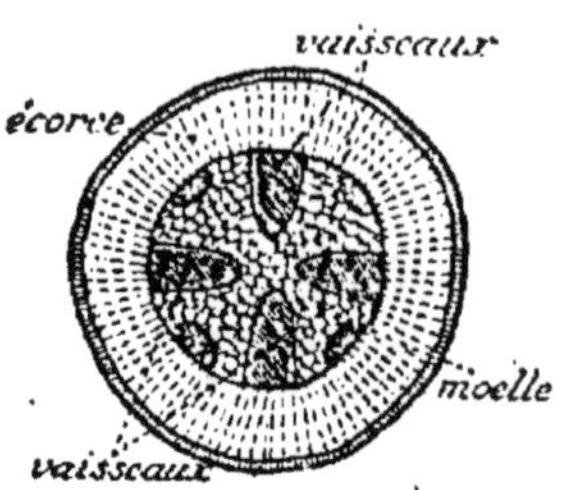

Fig. 45. — Une racine coupée pour montrer l'intérieur.

3. La tige surmonte les racines souterraines et s'élève dans l'air; souvent elle est simple; mais, chez les arbres et les arbrisseaux, elle se divise en **branches** qui se ramifient de tous les côtés. On donne le nom de **tronc** à la partie de la tige qui va du sol aux premières branches.

Certaines tiges sont creuses; au centre de celles qui ne le sont pas, on trouve la **moelle** (*fig.* 46), et tout autour le **bois**, recouvert par l'**écorce**. Le bois des arbres est très dur; on l'emploie pour faire les poutres, les chevrons et les planches; le bois des herbes est tendre et ne peut servir à rien: pourtant on trouve, dans les tiges du chanvre et du lin, des fils très résistants qu'on utilise pour la fabrication de la toile.

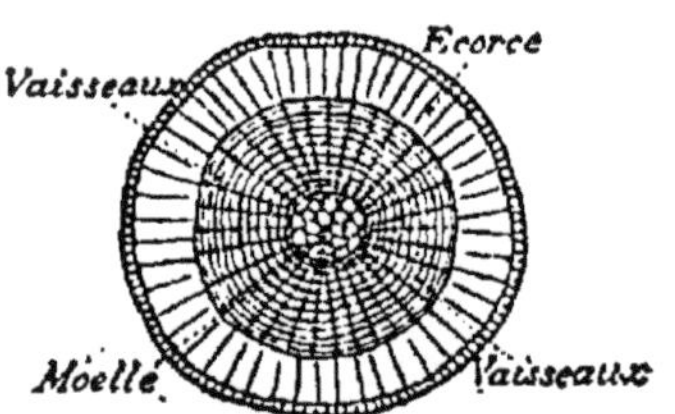

Fig. 46. — Une tige coupée pour montrer l'intérieur.

La tige sert à supporter les feuilles, les fleurs et les fruits. Comme la racine, elle est percée dans sa longueur de canaux très fins (*fig.* 46), dans lesquels passe la sève pour aller jusqu'aux feuilles et se répandre ensuite dans toutes les parties de la plante.

RÉSUMÉ

1. *Les plantes comprennent les herbes, les arbres et les arbrisseaux. Les parties d'une plante sont la racine, la tige, les branches et les feuilles. Les fleurs n'existent que pendant plusieurs semaines; elles sont remplacées par les fruits.*

2. *La racine est la partie qui est sous terre. Elle soutient le végétal et puise dans le sol les aliments qui forment la sève et nourrissent la plante.*

3. *La tige est la partie qui s'élève dans l'air; elle se divise en branches qui supportent les feuilles, les fleurs et les fruits. La tige des arbres fournit le bois.*

18e LEÇON

Les feuilles

1. Une feuille est formée d'une lame verte plus ou moins large appelée **limbe** (*fig.* 47); celui-ci est porté par une **queue** ou pied; à travers le limbe on voit se ramifier dans tous les sens des sortes de cordons de plus en plus petits nommés **nervures**; ce sont les prolongements des canaux de la tige.

Certaines feuilles n'ont pas de queue, par exemple la feuille du blé, qui entoure complètement la tige à la base; quelquefois, au contraire, le limbe et les nervures ont disparu, et il ne reste plus que la queue, assez longue: c'est ce qui arrive pour les **vrilles** des pois et du liseron;

elles servent à accrocher la plante aux soutiens qu'on lui donne et à la maintenir debout.

En comparant une feuille de peuplier et une feuille de rosier, on remarque une grande différence ; la première n'a qu'un limbe, la seconde en a plusieurs. Toutes les

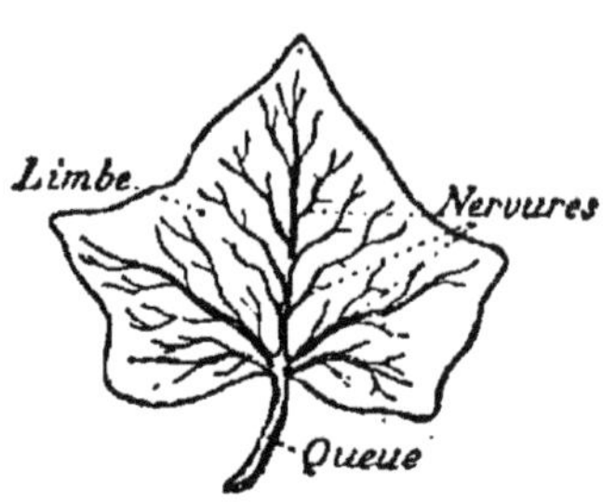

Fig. 47. — Différentes parties d'une feuille.

Fig. 48. — Feuille composée.

feuilles à un seul limbe sont appelées **simples** (*fig.* 47), les autres sont des feuilles **composées** (*fig.* 48) ; quelques-unes, comme celles de l'acacia, sont même doublement composées

Le limbe des feuilles est presque toujours large e mince, arrondi souvent, ou un peu pointu, tantôt bordé de **dents**, tantôt sans dents. Il peut être aussi allongé et étroit, et ressembler à une lanière, comme dans le blé et les céréales. Le pin et le sapin ont leurs feuilles petites, dures, pointues, semblables à des aiguilles.

2. Les feuilles remplissent une fonction très importante pour la nourriture de la plante. Leurs nervures sont les prolongements des canaux de la tige, qui sont eux-mêmes la continuation des canaux de la racine. La sève, puisée dans le sol, parvient ainsi jusque dans les feuilles, qui sont percées de petits trous appelés **stomates** (*fig.* 49) ; par ces stomates, l'air pénètre à l'intérieur et arrive à la sève, qu'il rend plus pure et capable de nourrir le végétal : on pourrait donc dire que les feuilles sont les poumons d'une plante.

Beaucoup de personnes croient que les feuilles des végétaux sont toujours immobiles; c'est vrai dans des cas nombreux. Certaines feuilles, pourtant, exécutent des mouvements réguliers. Ainsi, les feuilles de la **sensitive** et de l'**acacia** se replient immédiatement lorsqu'on frappe un peu fort sur la branche (*fig.* 50); de même les trois feuilles du **trèfle** s'étalent pendant le jour (*fig.* 51), mais elles s'appliquent les unes contre les autres la nuit : on dirait qu'elles dorment.

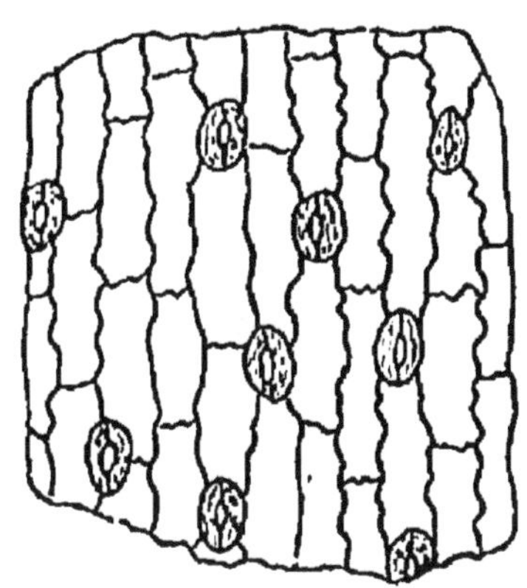

Fig. 49. — Stomates.

Quelques plantes rares ont des mouvements encore plus bizarres : si une mouche ou un oiseau viennent se poser

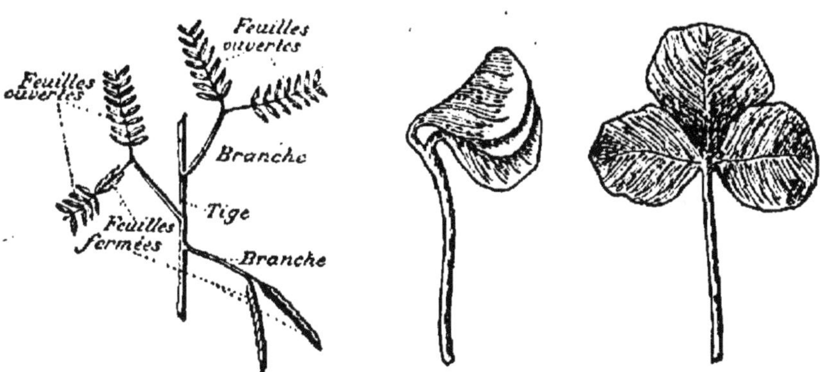

Fig. 50. — Sensitive.

Fig. 51. — Feuilles de trèfle ouvertes le jour et repliées la nuit.

sur leurs feuilles, celles-ci se replient brusquement, enveloppent l'insecte ou l'oiseau et le digèrent.

A l'automne, lorsque les fruits ont été récoltés, les feuilles jaunissent, se détachent des branches et tombent. Le pin, le sapin, le cyprès et l'if conservent leurs feuilles toute l'année.

3. On récolte les feuilles de certains végétaux avant leur chute, pour les employer à divers usages. Ainsi, des feuilles du **pastel**, on retire des couleurs; les feuilles du **tabac**, séchées, puis découpées ou réduites en poudre, donnent le tabac à fumer et à priser. Enfin, quelques **tisanes** bienfaisantes sont préparées avec des feuilles; la plus commune, et on peut dire la meilleure, est fournie par les feuilles du tilleul ; elle produit de bons effets dans les indispositions légères.

RESUMÉ

1. *Une feuille comprend le limbe supporté ou non par une queue; le limbe est de couleur verte, il est parcouru en tous sens par les nervures. Il y a des feuilles simples et des feuilles composées.*

2. *Les feuilles servent à la respiration de la plante. Certaines d'entre elles exécutent des mouvements, comme les feuilles du trèfle et de la sensitive.*

Les feuilles tombent à l'automne; le pin, le sapin et le cyprès conservent les leurs toute l'année.

3. *Quelques tisanes sont préparées avec des feuilles; telle est la tisane de tilleul.*

10e LEÇON

Les fleurs

1. Au printemps, vers la fin avril ou au commencement de mai, les arbres et les plantes se couvrent de **fleurs**, qui répandent dans les jardins et dans la campagne un agréable parfum.

Si on examine une fleur avec attention, on y remarque plusieurs parties (*fig.* 52). Tout à fait en dehors et en bas, se trouvent quelques petites feuilles vertes ; elles forment le **calice** dans lequel la fleur était contenue tout entière avant d'être épanouie. En dedans du calice apparaissent d'autres feuilles plus larges et colorées; ce sont les **pétales**, dont la réunion forme la **corolle**. A l'intérieur des pétales se montrent des filets minces surmontés chacun d'un petit sac rempli de grains jaunes; on les appelle **étamines**. Enfin, au centre de la fleur, on aperçoit un filet plus gros et renflé à la base : c'est le **pistil**; si on le coupe en travers avec un canif, on voit qu'il est rempli de fines boules blanches ; ces boules deviendront les graines.

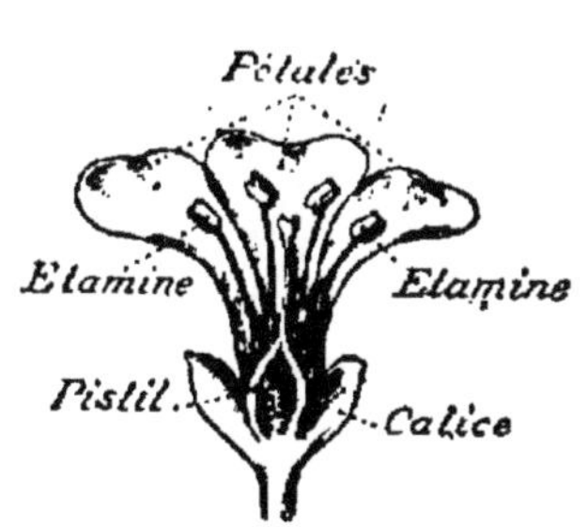

FIG. 52. — Parties d'une fleur.

Les pétales des fleurs ont une couleur qui varie avec les plantes. Les uns sont blancs, comme dans le lis, le merisier, l'amandier; les autres sont rouges, roses, violets, jaunes, bleus, etc. ; quelques-uns même présentent plusieurs couleurs à la fois, ce qui leur donne un aspect très agréable.

Après avoir duré quelque temps, les fleurs se **fanent**; les pétales et les étamines tombent, seul le pistil reste ; il grossit ou s'allonge et devient un fruit. La fonction des fleurs est donc de produire les fruits et les graines.

Le blé et les céréales, le buis, certains arbres comme le chêne, le bouleau, l'orme, ont des fleurs sans pétales et par conséquent sans couleur, ce qui pourrait faire croire que ces végétaux n'ont pas de fleurs; mais, puisqu'ils ont des fruits, ils ont des fleurs, car : pas de fleurs, pas de fruits.

2. Les fleurs des plantes sauvages sont presque toujours simples et petites : on y voit cinq ou six pétales tout au plus; mais elles ont souvent un parfum délicieux et on peut, au cours d'une promenade agréable, en faire de beaux **bouquets**.

Les jardiniers fleuristes ont trouvé le moyen de **doubler** par la culture les plus belles fleurs et de les obtenir très grosses. La **ronce** ou églantier, qui, dans les haies et les bois, produit une fleur commune à cinq pétales, a donné, dans les jardins, de nombreuses variétés de **rosiers** dont les fleurs sont magnifiques. De même, de la toute petite pensée des champs on a fait la belle pensée des jardins, aux pétales larges, veloutés et de couleur si agréable.

Les fleurs cultivées dans les jardins sont nombreuses ; les plus connues sont la **rose**, le **lis**, la **violette**, la **tulipe**, l'**iris**, la **pensée**, la **pervenche**, la **marguerite**, l'**œillet**, la **giroflée**, le **géranium**, le **myosotis**, etc. Ces fleurs sont semées en pleine terre, surtout le long des allées ; ou bien on les met en **pots**, afin de pouvoir les transporter où l'on veut. Dans quelques jardins, on cultive aussi des fleurs provenant des pays chauds, comme les **orchis**, les **bégonias**, les **pélargoniums**, les **fuchsia** ; mais leur culture est assez difficile, car il leur faut beaucoup de chaleur ; on les élève alors dans une **serre**, espèce de chambre en maçonnerie recouverte de plaques de verre.

3. En plus du plaisir qu'elles nous procurent par leur beauté, les fleurs ont une grande utilité ; beaucoup d'entre elles sont séchées et employées à la préparation de tisanes rafraîchissantes. Telles sont le **bouillon-blanc**, la **mauve** et la **guimauve**, la **violette**.

Enfin, c'est des fleurs qu'on extrait les **parfums** et les **essences odorantes** dont quelques-unes coûtent très cher. Les principales fleurs à parfums sont le **géranium**, la **menthe**, le **jasmin**, la **lavande**, etc. L'industrie de la parfumerie est prospère dans le Midi de la France; les usines de **Nice** et de **Grasse** sont les plus importantes et leurs parfums sont renommés dans le monde entier.

RÉSUMÉ

1. *La fleur comprend quatre parties : le calice, la corolle composée des pétales, les étamines et le pistil. Les pétales sont colorés diversement. Le pistil renferme les graines et produit les fruits.*

2. *Les fleurs d'ornement sont cultivées par le fleuriste. Les plus belles sont la rose, la violette, le lis, la marguerite, la tulipe, etc. Les fleurs rares sont cultivées dans une serre.*

3. *Beaucoup de fleurs sont employées pour préparer des tisanes. Avec d'autres, on fabrique des parfums et des essences odorantes.*

20ᵉ LEÇON

Les fruits

1. Les enfants aiment beaucoup, en allant à l'école, s'arrêter à la devanture de la **fruiterie**. C'est que, derrière la grande vitre, il y a de si bonnes choses ! Rien qu'à les regarder, l'eau en vient à la bouche. Les bonnes **poires** fondantes, à côté des **pêches** veloutées et des **prunes**, semblent s'offrir d'elles-mêmes à la gourmandise des passants. Les **cerises** écarlates, les **pommes**, les **fraises**, les **abricots**, les **oranges**, les **bananes** dorées, les belles grappes de **raisin** sont aussi alléchants. Dans leurs caisses ou leurs sacs ouverts, s'étalent en masses les **noix**, les **amandes** et les **noisettes** qu'il est si bon de croquer.

Ces fruits nous sont fournis, les uns par des arbres, les autres par des arbrisseaux, comme la **groseille**, ou de simples plantes rampantes, comme la **fraise** et le **melon**. Tous proviennent de fleurs; lorsque les pétales sont tombés, le pistil se développe. Tantôt il gonfle ses parois et prend une forme ronde, il devient un **fruit charnu**; tantôt il s'allonge sans s'épaissir et devient **fruit sec**, comme la **gousse** du haricot, du pois, de la fève.

Parmi les fruits charnus, les uns ont un **noyau** qui contient une amande ; tels sont l'abricot, la prune, la pêche. Les autres ont des **pépins**, comme la poire, la pomme, la nèfle. En plantant les noyaux et les pépins, ils germent et, au bout d'un certain temps, produisent une plante nouvelle.

2. La plupart des arbres fruitiers sont cultivés dans le **verger** par un ouvrier appelé **horticulteur**. Le verger est généralement un grand jardin entouré de murs au moins de deux côtés. Contre ces murs se dressent les **espaliers** et les **treilles** ; en pleine terre s'élèvent des arbres de diverses espèces; dans un coin est la **pépinière**, où l'horticulteur sème les pépins et les noyaux, pour obtenir les jeunes arbres destinés à remplacer les vieux.

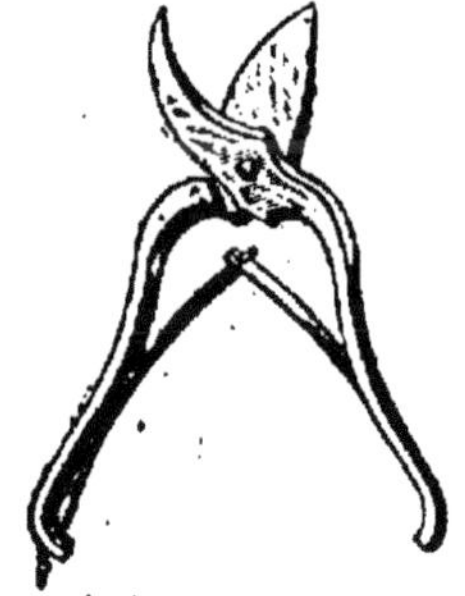

Fig. 53. — Sécateur.

Comme le jardinier, l'horticulteur pioche, ratisse, arrose ; au printemps, il a à faire un travail délicat, la **taille** des arbres ; armé d'un **sécateur** (*fig.* 53) ou d'une **serpette**, il passe d'un arbre à l'autre et coupe les branches qu'il juge inutiles ou nuisibles. Les arbres bien taillés produisent des fruits plus gros et plus nombreux. Un autre travail de l'horticulteur est le **greffage** des jeunes arbres. Pour greffer, on coupe la tige de l'arbre à une certaine distance du sol (*fig.* 54) et on la fend à l'extrémité supérieure; on place dans la fente une ou deux greffes, c'est-à-dire des branches jeunes, courtes, ayant de beaux bourgeons, et on les attache avec des liens en vieille laine; puis on ferme la fente avec du **mastic à greffer**. Au bout de quelque temps, les greffes se soudent à l'arbre qui les nourrit; elles grossissent, poussent des branches, des fleurs et ensuite des fruits.

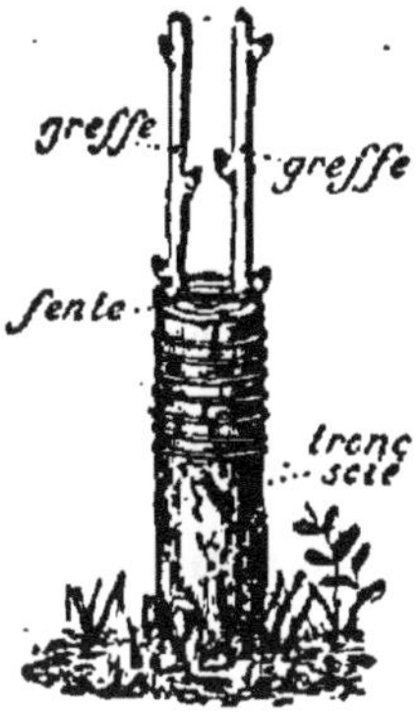

3. Les plus grands ennemis du verger sont les **chenilles** (*fig.* 55). On en

FIG. 54. — Arbre greffé.

FIG. 55. — Chenille dévorant une feuille.

voit souvent de longues files grimper le long de la tige, s'arrêter aux bourgeons et les dévorer. Si on ne les détruit à temps, la récolte est perdue. Mais l'horticulteur veille ; de plus, il a de précieux auxiliaires, les fauvettes, les mésanges et autres petits oiseaux qui viennent établir leurs nids dans le verger. Comme ces oiseaux se nourrissent de chenilles (*fig.* 56) et en dévorent jusqu'à trois ou quatre mille par jour, nos arbres fruitiers sont protégés par eux. Ce serait donc une grosse faute de les dénicher.

FIG. 56. — Mésange dévorant une chenille.

4. Nous mangeons souvent les fruits aussitôt cueillis; ils sont délicieux quand ils sont bien mûrs. On les fait aussi sécher ou confire ; on obtient de cette façon les **marrons glacés**. Les fruits servent encore à fabriquer les **confitures** et les **gelées**, que les ma-

mans elles-mêmes savent faire si bonnes et que les enfants aiment tant.

RÉSUMÉ

1. *Tous les fruits proviennent de fleurs. On distingue les fruits charnus, comme la pomme, la poire, la pêche, la cerise, et les fruits secs, comme les gousses du haricot, du pois, de la fève. Parmi les fruits charnus, les uns renferment un noyau, les autres des pépins.*

2. *Les arbres fruitiers sont cultivés dans le verger par l'horticulteur. Celui-ci obtient de plus beaux fruits en taillant ses arbres et en les greffant quand ils sont encore jeunes.*

3. *Les petits oiseaux sont les protecteurs des arbres fruitiers; ils détruisent les chenilles qui dévoreraient les bourgeons.*

4. *Beaucoup de fruits servent à préparer des confitures et des gelées.*

21e LEÇON

Les champignons

1. Les champignons sont des plantes qui n'ont jamais ni racines, ni tige, ni feuilles, ni fleurs ; ils se composent tout simplement de filaments nombreux et fins, entrecroisés dans tous les sens et cachés sous terre. A une certaine époque de l'année, des renflements apparaissent, de distance en distance, sur les filaments; ils grossissent peu à peu, sortent de terre et s'étalent en forme de chapeaux chinois ou de parasols (*fig.* 57). Au bout de quelques jours, ces chapeaux se fanent et disparaissent, comme font les fleurs des autres plantes.

Fig. 57. — Champignon à chapeau.

Et, en effet, les chapeaux des champignons remplissent

à peu près la même fonction que les fleurs. Examinons-en un attentivement : si nous le renversons, nous apercevons une foule de lames très minces disposées comme les rayons d'un parapluie. Coupons une de ces lames avec des ciseaux fins et regardons-la avec une loupe : nous la voyons couverte de petites tiges terminées chacune par plusieurs boules grisâtres : ce sont les graines du champignon. Les chapeaux sont donc les organes qui produisent les graines ; toutefois, ils ne donnent jamais de fruits.

2. Beaucoup de champignons peuvent être mangés et fournissent un aliment recherché. Ils poussent surtout à l'automne, dans les prés et dans les bois, au pied des arbres; on les ramasse en se promenant. Mais certains sont vénéneux, et de nombreuses personnes ont été empoisonnées après en avoir mangé.

Il est très difficile de distinguer les champignons vénéneux de ceux qui ne le sont pas; ils se ressemblent beaucoup et les ramasseurs habitués se trompent quelquefois. Il est donc bon de ne jamais cueillir que ceux dont on est tout à fait sûr.

L'**agaric** des champs, blanc en dessus, rose en dessous, est un des meilleurs champignons. On le cultive même sur des **couches** installées le plus souvent dans de vieilles carrières humides. Pour garnir une couche, on étale sur toute sa surface du **blanc de champignon**, c'est-à-dire des filaments dont nous avons parlé, et on les recouvre de 2 ou 3 centimètres de terre bien grasse. On récolte les champignons à mesure qu'ils apparaissent, et ceux qui ne sont pas mangés immédiatement sont conservés, avec de l'eau salée, dans des boîtes de fer-blanc soudées.

La **truffe**, qui sert à donner bon goût à certains mets, est aussi un champignon ; mais elle ne sort jamais de terre; pour la découvrir, on emploie les porcs, qui en sont très friands ; ils la sentent à travers la terre et creusent le sol à l'endroit où elle se trouve.

3. Les champignons dont nous venons de parler ne sont pas les seuls ; il en existe beaucoup d'autres qui ne produisent jamais de chapeaux; quelques-uns ont été inconnus pendant longtemps, à cause de leur petitesse. Ce sont des champignons de ce genre qui produisent les **moisissures** (*fig.* 58) du pain rassis, du fromage, des fruits, à la surface desquels ils forment une espèce de duvet rose, vert, blanc ou gris.

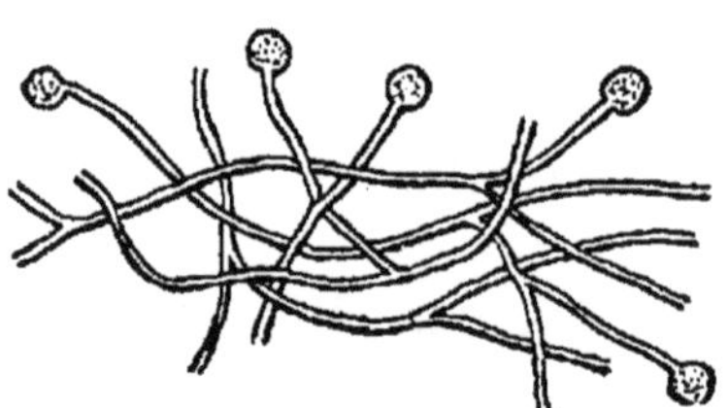

Fig. 58. — Champignon des moisissures très grossi.

La teigne et la **pelade**, qui font tomber les cheveux, sont aussi causées par des champignons.

D'autres s'attaquent aux grains de blé : c'est pourquoi le cultivateur plonge ses semences dans l'eau de chaux avant de semer, afin de détruire les germes.

Enfin, ces petits champignons provoquent sur les feuilles et les tiges de la vigne, même sur les jeunes raisins, des maladies graves, comme l'**oïdium** et le **mildiou**, qui font subir chaque année des pertes importantes aux vignerons.

RÉSUMÉ

1. *Les champignons sont des plantes qui n'ont jamais de fleurs. Certains d'entre eux produisent des chapeaux qui portent les graines.*

2. *Beaucoup de champignons sont bons à manger; les autres sont vénéneux; il faut ne ramasser que ceux dont on est sûr. On cultive quelques champignons, surtout l'agaric. La truffe est aussi un champignon.*

3. *Les moisissures, la teigne et la pelade sont produites par des* *champignons très petits. D'autres causent des maladies de la vigne, comme l'oïdium et le mildiou.*

22e LEÇON

Le miel

1. Lorsque, une belle après-midi du mois de mai, on va faire une promenade dans la campagne et qu'on passe auprès d'un champ de trèfle ou de sainfoin, on est sûr d'entendre le bourdonnement des **abeilles**, de les voir voltiger

Fig. 59. — Rucher.

au-dessus des fleurs, s'y poser quelques minutes et aller ensuite à une autre. Que font donc ces abeilles ?... Elles viennent butiner, c'est-à-dire récolter le suc des fleurs, dont elles font le **miel**.

Les abeilles sont des mouches assez grosses ; ce sont donc des insectes. Si on en regarde une avec attention, on voit qu'elle a six pattes ; la cuisse de la dernière paire de pattes présente un creux ou fossette. C'est là que l'abeille place sa récolte ; lorsqu'elle est suffisamment chargée, elle porte sa provision à la **ruche** (*fig.* 59), et recommence le même travail jusqu'au coucher du soleil.

Les ruches sont les demeures des abeilles; ce sont des corbeilles de paille ou d'osier, ou des boîtes en bois que l'**apiculteur** dispose en plusieurs rangées dans le **rucher**, bien exposé au soleil et protégé contre le froid. Une petite ouverture pratiquée au bas de chaque ruche sert d'entrée et de sortie.

2. Les abeilles ne sont pas toutes semblables; il y en a de trois sortes qu'on distingue les unes des autres par leur forme (*fig.* 60) : les **ouvrières** sont les plus petites et travaillent seules; les **faux-bourdons** ou mâles sont plus gros; ils ne font rien et les ouvrières les tuent à la fin du mois d'août; les **reines** ont le corps plus allongé que les mâles et les ouvrières; elles pondent les œufs qui donnent naissance aux jeunes abeilles.

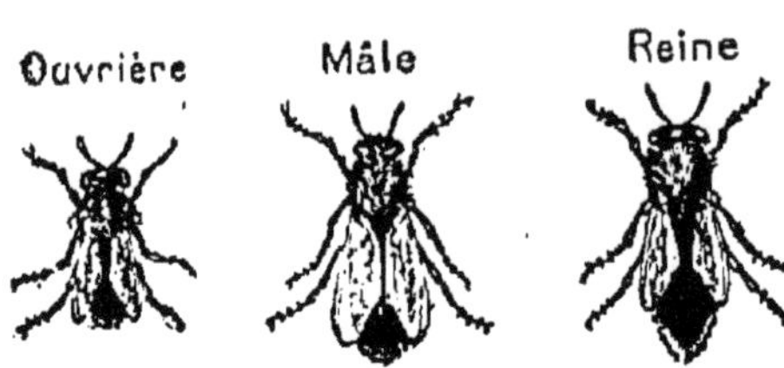

Fig. 60. — Les trois sortes d'abeilles.

Une ruche n'a jamais qu'une reine. Si, des œufs, il en éclôt une nouvelle, un combat se livre entre les deux reines jusqu'à ce que l'une d'elles soit tuée; ou bien la vieille reine quitte la ruche et emmène avec elle une partie des ouvrières; elles voltigent pendant quelque temps, puis finissent par s'accrocher toutes ensemble à une branche d'arbre en formant un **essaim**. Celui-ci est recueilli avec soin par l'apiculteur, qui en fait une ruche nouvelle.

3. Le travail des abeilles est merveilleux. Les ouvrières confectionnent d'abord les **rayons** ou **gâteaux** (*fig.* 61) qu'elles disposent avec beaucoup d'art à l'intérieur de la ruche; ces rayons sont, de chaque côté, creusés de petits trous très réguliers; dans les uns, la reine dépose ses œufs, dans les autres est conservé le miel fabriqué avec un liquide sucré qui a été récolté sur les fleurs.

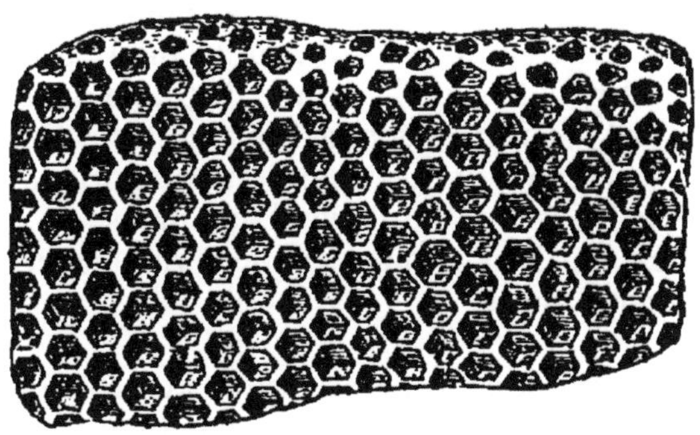

Fig. 61. — Gâteau de cire.

Vers la fin du mois de juillet ou au commencement

Fig. 62. — Un apiculteur récoltant le miel.

d'août, l'apiculteur récolte le miel. Pour cela, il se couvre la figure d'un masque en fil de fer et les mains de gants épais, pour éviter les piqûres des abeilles ; puis il choisit une ruche bien pleine, la place sur un banc en bois à côté d'une ruche vide contenant un peu de miel ; à l'aide d'un soufflet il fait pénétrer de la fumée d'étoupe dans la ruche pleine (*fig.* 62); la fumée chasse les abeilles; elles se réfugient dans la ruche vide, et l'apiculteur emporte les gâteaux pour en extraire le miel, à l'aide d'une presse.

Le miel est un bon aliment; il peut remplacer le sucre dans beaucoup de cas.

4. Ce qui reste dans la presse après l'extraction du miel est la **cire**. On la fait fondre dans l'eau bouillante pour la purifier; on la recueille et on l'expose à la lumière; elle devient blanche.

La cire est employée pour la fabrication des cierges, de la cire à cacheter; les pharmaciens en font des pommades.

RÉSUMÉ

1. *Le miel est un aliment sucré fabriqué par les abeilles que l'apiculteur élève dans des paniers nommés ruches.*

2. *Parmi les abeilles, on distingue les mâles, les ouvrières et la reine. Souvent une reine quitte la ruche avec un certain nombre d'ouvrières et forme un essaim; l'apiculteur le recueille et l'installe dans une autre ruche.*

3. *Les ouvrières vont butiner sur les fleurs et ramassent le suc avec lequel elles fabriquent le miel dont elles remplissent les trous des gâteaux ou rayons. Au mois de juillet, l'apiculteur récolte le miel, en pressant les gâteaux.*

4. *Ce qui reste sur la presse est la cire.*

23e LEÇON

Les assaisonnements

1. Beaucoup d'aliments cuits ou crus auraient un goût fade, si on ne les assaisonnait pas.

Le principal **assaisonnement** est le sel. C'est un corps solide et blanc; on l'extrait de l'eau de la mer, qui en con-

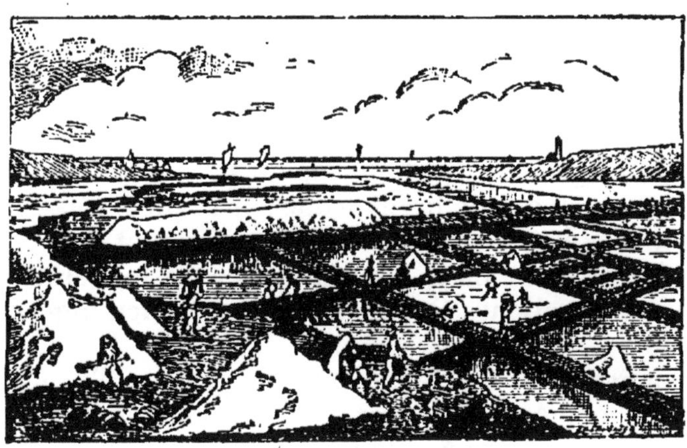

Fig. 63. — Marais salant.

tient une grande quantité, et du sein de la terre, où il existe en grosses masses en certains pays.

On appelle **marais salants** (*fig.* 63) les établissements où l'on retire le sel de l'eau de mer. Ils sont nombreux sur les bords de l'océan Atlantique et de la mer Méditerranée. On fait arriver l'eau salée dans de grands bassins peu profonds; là, l'eau s'évapore par l'action de la chaleur du soleil et s'en va dans l'air; seul, le sel reste, et les ouvriers le réunissent en tas avec des râteaux. Le sel ainsi obtenu est encore mélangé à un peu de terre et à d'autres matières; il faut le

raffiner, c'est-à-dire le purifier. Pour cela, on le dissout dans l'eau ; on passe cette eau dans des tamis fins et on l'évapore de nouveau dans de grandes chaudières plates. Le sel séché est ensuite livré au commerce.

Le sel qu'on trouve dans le sein de la terre s'appelle **sel gemme**. Il y en a des gisements importants en Lorraine et en Espagne. Pour aller le chercher, on creuse des mines, comme pour la houille ; on remplit les mines d'eau qui dissout le sel ; au bout de quelques jours, l'eau salée est remontée par des pompes dans des chaudières et évaporée doucement. Le sel gemme est raffiné ensuite comme le sel marin.

2. Le **poivre** est aussi un assaisonnement. Il provient des graines d'un arbre appelé **poivrier**, qui pousse dans les pays chauds. Ces graines ont la forme de petites boules ; on les laisse sécher avant de les expédier en France. Les épiciers vendent le poivre en poudre qu'ils obtiennent en écrasant les grains avec un petit moulin. Pris avec modération, le poivre est excellent : il aide l'estomac à bien digérer les aliments.

La **moutarde** est fabriquée avec les graines d'une plante qui porte le même nom ; les graines sont écrasées, puis tamisées, de manière à obtenir une farine ; pétrie avec du vinaigre, cette farine donne la pâte jaune que tout le monde connaît et qu'on mange avec la viande bouillie.

Le **vinaigre** est un assaisonnement liquide. On s'en sert surtout pour préparer la sauce des salades. Il provient du vin qu'on a laissé aigrir au contact de l'air dans des cuves ouvertes ; on en fabrique aussi avec du cidre. Le meilleur vinaigre est celui d'Orléans.

Quant aux **cornichons** que les épiciers vendent dans de petits flacons bien bouchés, ce sont les jeunes fruits d'une plante rampante cultivée dans les jardins. On récolte ces fruits avant qu'ils soient trop gros et on les met confire dans le vinaigre, quelquefois avec de petits oignons. Il faut manger peu de cornichons à la fois, car en trop grande quantité ils irritent l'estomac.

3. Il existe encore beaucoup d'autres assaisonnements; par exemple les **épices**, fournies par des plantes de l'Asie et de l'océan Pacifique ; les **clous de girofle**, **la noix muscade**, le **safran**. Les **câpres** sont les boutons, confits dans le vinaigre, des fleurs du câprier, arbrisseau cultivé en Provence ; la **cannelle** est une poudre obtenue avec l'écorce des branches du cannelier, arbrisseau des Indes. Enfin, la **vanille**, qui donne si bon goût aux crèmes, aux tartes, est le fruit d'une plante cultivée surtout à Madagascar et dans les petites îles voisines.

RÉSUMÉ

1. *Le sel est un assaisonnement. On le tire des eaux de la mer, dans les marais salants ; c'est le sel marin. Le sel gemme existe dans le sein de la terre, on l'extrait en creusant des mines.*
2. *Le poivre est la graine du poivrier réduite en poudre. Le vinaigre est obtenu en laissant aigrir du vin. La moutarde est fabriquée avec la graine d'une plante qui a le même nom. Les cornichons sont des fruits confits dans du vinaigre ; ils proviennent d'une plante appelée aussi cornichon.*
3. *Les autres assaisonnements sont les épices, les clous de girofle, la noix muscade, le safran, les câpres, la cannelle et la vanille.*

24e LEÇON

Les huiles

1. On appelle **huiles** des liquides gras et épais, souvent incolores, quelquefois de couleur jaune pâle. Ces liquides coulent difficilement; ils forment sur les étoffes et le papier des taches qui s'étendent de plus en plus et ne peuvent être enlevées qu'avec de l'alcool ou de la benzine. Le papier taché d'huile devient transparent.

Toutes les huiles peuvent brûler; mais elles donnent une flamme peu éclairante et répandent une mauvaise odeur.

La plupart des huiles sont extraites des graines ou des fruits de plantes ou d'arbres désignés sous le nom de **plantes oléagineuses**; cependant quelques-unes proviennent de certaines parties du corps d'animaux, comme la baleine, le phoque et la morue.

Pour obtenir les huiles végétales, on écrase les fruits ou les graines à l'aide d'un moulin et on soumet la pulpe qui en résulte à l'action d'un pressoir; le liquide est ensuite épuré. La fabrication de l'huile de baleine ou de phoque est différente: on coupe la graisse de ces animaux en tranches et on les fait fondre tout simplement. Quant à l'huile de morue, on l'obtient en faisant bouillir dans l'eau le foie des poissons pêchés; l'huile surnage, on la recueille.

Fig. 64. — Branche d'olivier.

2. Les usages des huiles sont assez variés. Certaines d'entre elles sont employées comme aliments; ce sont les huiles à manger. La meilleure est **l'huile d'olive**, extraite des fruits de l'olivier, arbre qui pousse bien dans le Midi de la France et en Algérie; elle a un goût délicat et sert à préparer les salades et les fritures. Vient ensuite **l'huile d'œillette** fournie par les graines du pavot blanc. Dans quelques régions, on fabrique aussi de l'**huile de noix** avec les fruits du noyer, mais elle est peu répandue.

Les huiles non comestibles sont employées pour l'éclairage. Telles sont les **huiles de colza** et **de navette**, tirées des plantes du même nom ; l'**huile de chènevis**, extraite des graines de chanvre, enfin l'**huile de baleine**.

Fig. 65. — Pêche de la baleine.

La baleine est un mammifère qui vit dans la mer, principalement vers le nord ; elle est fréquente près des côtes d'Islande, où de hardis marins vont la chercher. La pêche de la baleine (*fig.* 65) est souvent dangereuse. Lorsqu'un de ces animaux s'est fait reconnaître par les deux jets d'eau qu'il lance en l'air en venant respirer à la surface, une barque montée par une dizaine de matelots s'avance vers lui. A bonne distance, un marin habile lance un harpon qui pénètre dans le corps de la baleine ; celle-ci, blessée, plonge ; mais, au bout d'un certain temps, elle est obligée de remonter pour respirer de nouveau, et un second harpon est lancé avec la même adresse; l'animal, épuisé par la perte de son sang, finit par succomber. Quelquefois, pourtant, il lutte avec fureur, et d'un coup de sa formidable queue fait sauter en l'air barque et marins.

Quelques huiles sont employées en médecine; ce sont l'**huile de foie de morue**, très fortifiante, surtout pour les enfants; l'**huile de ricin**, utilisée comme purgatif, et l'**huile d'amandes douces**, avec laquelle on fabrique des pommades et des onguents.

3. On fabrique encore des huiles qui ne sont employées ni comme aliment ni pour l'éclairage. Telles sont l'**huile de lin**, dans laquelle les peintres font dissoudre leurs couleurs, et l'**huile de palme** ou de **coco**, qui sert à fabriquer les bougies.

RÉSUMÉ

1. *Les huiles proviennent des graines ou des fruits, écrasés et pressés, des plantes oléagineuses; on en extrait aussi du corps de la baleine et du foie de la morue.*

2. *Les meilleures huiles alimentaires sont l'huile d'olive, l'huile d'œillette et l'huile de noix. D'autres huiles servent pour l'éclairage; ce sont les huiles de colza et de navette et l'huile de baleine.*

L'huile de foie de morue, l'huile de ricin et l'huile d'amandes douces sont employées en médecine.

3. *L'huile de lin est utilisée par les peintres pour dissoudre leurs couleurs. L'huile de coco sert à fabriquer des savons et des bougies.*

25e LEÇON

Le lait

1. Le lait est un liquide blanc, sucré et épais; il nous est fourni par les femelles des mammifères domestiques, comme la vache, la chèvre, l'ânesse et la jument. En

Afrique, les Arabes font aussi usage du lait de chamelle.

Le lait est un aliment excellent; on le boit pur, on l'ajoute au café, le matin, ou bien on en fait des soupes délicieuses. Il renferme toutes les substances nécessaires à la nourriture de notre corps; les petits enfants ne boivent que du lait pendant des mois et même des années et se portent très bien. Certaines personnes aussi, dont l'estomac est malade, se nourrissent de laitage.

Fig. 66. — Servante trayant une vache.

Il faut pourtant prendre des précautions; le lait peut contenir les germes de la **tuberculose**, maladie dangereuse, et, dans ce cas, il communiquerait la maladie à ceux qui le boiraient. Pour éviter ce danger, on recommande de toujours faire bouillir le lait avant d'en faire usage.

Dans les campagnes, le lait vendu par les fermiers est pur. Il n'en est pas de même dans les villes, où les laitiers le falsifient trop souvent, en y ajoutant de l'eau ou même de la poudre d'amidon. Pour reconnaître la fraude, il suffit d'ajouter une ou deux gouttes de **teinture d'iode** à un peu de lait placé sur une soucoupe; s'il se produit une couleur bleue, il y a eu falsification; dans le cas contraire, le lait n'a pas été amidonné.

2. Si on laisse pendant quelque temps le lait au repos, il se forme à sa surface une couche de **crème** qu'on peut facilement séparer du reste. Les pâtissiers utilisent la crème dans la confection des gâteaux; mais son usage le plus important est la fabrication du **beurre**, qui se fait de la façon suivante. Le lait est versé dans des pots de grès et mis à crémer dans un endroit frais. Au bout de deux ou trois jours on recueille la crème et on la dépose dans des instruments appelés **barattes** (*fig.* 67). Ce sont des sortes de tonneaux disposés horizontalement et supportés par deux pieds. Une manivelle permet de faire tourner à l'intérieur de la baratte un battant de bois qui fouette la crème et la transforme en beurre ; quand **celui-ci** est bien pris, on le retire et on le lave à l'eau claire pour le débarrasser du **petit-lait** qui le ferait aigrir.

Fig. 67. — Baratte.

Le beurre bien préparé a une belle couleur jaune; il est utilisé par les ménagères pour préparer les aliments ; il **rancit** assez vite, si on n'a pas soin de le saler, et répand une odeur désagréable. Lorsqu'on veut le conserver longtemps, il faut le **fondre**.

8. Ce qui reste du lait, quand on a enlevé la crème, n'est pas perdu; c'est le **caillé**, avec lequel on fait des **fromages** blancs consommés dans les fermes. Cependant, les vrais bons fromages sont fabriqués avec du lait non écrémé. Il y en a de deux sortes : les fromages cuits, dont le principal est le **gruyère**, et les fromages crus, comme le **hollande**, le **marolles**, le **brie**, le **camembert** et le **roquefort**.

On fabrique le gruyère en Suisse et dans le Jura. On se sert de grandes chaudières contenant 200 à 250 litres de lait qu'on fait chauffer doucement; quand le fromage est formé, on le presse dans des moules et on obtient ainsi des pains de 12 à 15 centimètres d'épaisseur et pesant jusqu'à 25 kilogrammes.

Le roquefort est fabriqué dans le département de l'Aveyron avec du lait de brebis mêlé de lait de chèvre. C'est un fromage facilement reconnaissable aux veinures bleues ou vertes qu'il présente à l'intérieur et obtenues en ajoutant au caillé du pain moisi réduit en poudre.

Les fromages forment un aliment aussi nourrissant que la viande. Mais ils se gâtent vite et se remplissent de vers; dans ce cas, il faut éviter d'en manger, car ils pourraient causer des troubles dans l'estomac ou l'intestin.

RÉSUMÉ

1. *Le lait nous est fourni par les femelles des mammifères, comme la vache, la chèvre et la brebis. Il faut avoir soin de le faire bouillir avant de l'employer, pour éviter la tuberculose.*
2. *Laissé en repos dans un endroit frais, le lait produit la crème, utilisée par les pâtissiers et avec laquelle on fait aussi le beurre, en le battant dans des barattes. On conserve le beurre en le fondant.*
3. *Le lait sert encore à la fabrication des fromages, aliments nourrissants et sains, à condition qu'ils ne soient pas habités par des vers. Les meilleurs fromages sont le gruyère, le brie et le roquefort.*

26e LEÇON

Le café, le thé et le chocolat

1. Le café est une liqueur que de nombreuses personnes prennent, le matin, mélangée avec du lait, ou pure, après le repas de midi. Cette liqueur est préparée avec les graines du **caféier**, arbrisseau qui pousse dans les pays chauds, comme l'Arabie et les Antilles. Sa culture demande beaucoup de soin et d'eau; elle se fait de préférence sur les collines; dans les plaines, la trop grande chaleur dessécherait les plantes.

Le caféier (*fig.* 68) fleurit deux fois par an, au printemps et à l'automne ; ses fleurs sont blanches et répandent une bonne odeur ; mais elles ne durent pas plus de deux ou trois jours ; au bout de ce temps, elles sont fanées et remplacées par des fruits verts à queue courte ; deux mois après, ces fruits deviennent blancs, puis jaunes et enfin rouges comme des cerises. A ce moment, on commence la récolte ; quand elle est terminée, on enlève l'écorce des fruits pour en extraire les grains qu'on met sécher sur des nattes ; après quoi on les livre au commerce.

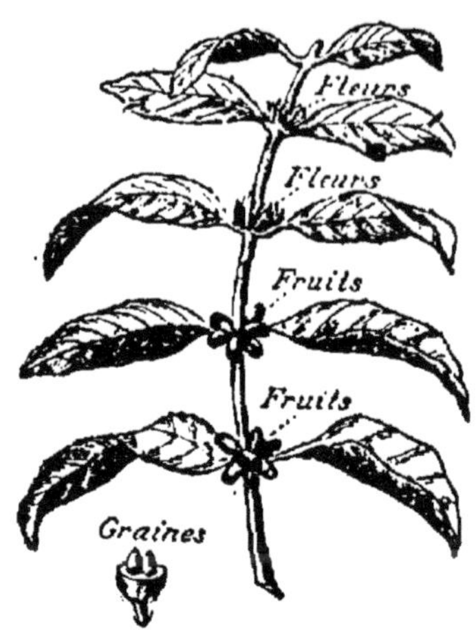

Fig. 68. — Branche de caféier.

Les meilleures espèces de café sont celles de Moka, en Arabie, de l'île Bourbon, de la Martinique et de la Guadeloupe, d'où on en expédie de grandes quantités en Europe.

Les épiciers reçoivent le café en grains. Avant de le vendre, ils le **torréfient**, c'est-à-dire le grillent de façon à lui donner une belle couleur marron foncé. La torréfaction se fait dans un appareil en tôle (*fig.* 69) ; à la partie inférieure se trouve un foyer dans lequel on fait brûler du bois ; au-dessus est un cylindre creux ; on y introduit les grains et on le fait tourner régulièrement à l'aide d'une manivelle, tantôt dans un sens, tantôt dans un autre. Quand l'opération est terminée, on étend le café dans une caisse ou sur une toile, jusqu'à ce qu'il cesse de fumer.

Les grains de café torréfiés et refroidis sont ensuite réduits en poudre au moyen d'un petit **moulin**. Cette poudre sert à préparer la liqueur de café. On la place à la partie supérieure d'un filtre, sur un fond percé d'un grand nombre de petits trous, et on l'arrose peu à peu et doucement avec de l'eau bouillante; le café passe à travers un deuxième fond percé et se rassemble dans le bas du filtre.

Le café facilite la digestion; mais, si on en prend trop, il finit par énerver.

2. Le **thé** est une boisson préparée avec les feuilles d'une plante cultivée en Chine et au Japon. On distingue le **thé noir** et le **thé vert**; le premier est meilleur que le second. Le thé est un excitant; lorsqu'il est léger, il calme presque toujours la diarrhée, les indigestions et la fatigue de l'estomac.

FIG. 69. — Epicier torréfiant le café.

3. Le **chocolat** est fabriqué avec les fruits du **cacaoyer**, arbre qui pousse surtout en Amérique; il peut atteindre 12 à 15 mètres de haut; ses feuilles sont très longues et ses fleurs petites; son fruit a la forme d'un cornichon et mesure environ 20 centimètres de long; il renferme des graines assez grosses, ce sont les amandes de cacao.

Lorsque les fruits de l'arbre sont mûrs, on les cueille et on en retire les graines qu'on enterre dans de grandes cuves en bois où on les laisse jusqu'à ce qu'elles soient devenues rouges; on les fait alors sécher au soleil, et elles sont prêtes à être employées.

Pour fabriquer le chocolat, on écrase et on pétrit ensemble, à la main ou avec une machine, des amandes torréliées de cacao, du sucre, de la vanille, de la cannelle, etc., de façon à former une pâte qu'on moule en plaques ou en tablettes.

Le chocolat bien fabriqué est un aliment sain et d'un goût agréable. Les enfants le croquent avec plaisir; mais on le fait aussi cuire à l'eau ou au lait.

RÉSUMÉ

1. *Le café est la graine du caféier, arbuste des pays chauds. Les grains sont torréfiés, puis réduits en poudre à l'aide d'un petit moulin. On met cette poudre dans un filtre et on verse par-dessus de l'eau bouillante. Le liquide obtenu est excellent; il facilite la digestion; mais il ne faut pas en prendre plus d'une tasse.*

2. *Le thé est préparé avec les feuilles d'un arbrisseau de la Chine. Le thé noir est meilleur que le thé vert. Les enfants ne doivent le boire que très léger et en cas d'indisposition.*

3. *Le chocolat est fabriqué avec du cacao, du sucre et de la vanille. C'est un aliment très sain; on le fait cuire à l'eau ou au lait.*

27e LEÇON

Le sucre

1. Le café pris au sortir du filtre est amer; on y ajoute du **sucre** pour faire disparaître l'amertume.

Le sucre est connu depuis fort longtemps; mais il y a à peine cent ans que tout le monde en fait usage; à cette époque, il coûtait **12 francs** la livre, et les riches seuls pouvaient en acheter. Aujourd'hui, il coûte **12 sous** le kilogramme, et, rien qu'en France, on en consomme chaque année plus de trois cent millions de kilogrammes.

On retire le sucre de la tige ou de la racine de certaines plantes. La carotte, le navet, le maïs, le palmier en contiennent, mais ce sont surtout la **canne à sucre et la betterave** qui servent à sa fabrication.

La canne à sucre est une plante de la même famille que le blé et le maïs. Elle est cultivée dans les îles des Antilles, où il fait très chaud. On ne la sème pas, mais on en plante

Fig. 70. — Plantation de cannes à sucre.

des boutures dans des champs immenses appelés **plantations** (*fig.* 70). Les soins à donner à la canne à sucre nécessitent un travail fatigant à cause de la grande chaleur; les Européens ne peuvent le faire, aussi presque tous les ouvriers des plantations sont des **nègres**, habitués au climat.

La récolte se fait au mois de juillet; les tiges sont coupées, dépouillées de leurs feuilles et écrasées; on en tire un jus qui sert à la fabrication du sucre, ou de la **mélasse** et du **rhum**.

2. En France, le sucre est fabriqué avec les betteraves (*fig.* 71), cultivées surtout dans les départements du nord. La récolte a lieu vers le mois d'octobre. Les betteraves, débarrassées de leurs feuilles, sont expédiées aux sucreries ou usines de fabrication.

Fig. 71. — Betterave.

Dans ces usines, on lave les betteraves avec soin; puis une machine à vapeur les coupe en lanières minces et étroites qu'on introduit dans de grands cylindres en tôle pleins d'eau chaude. Au bout de quelque temps on obtient un jus sucré; on le purifie soigneusement avec de **la chaux** et du **noir animal**, et on le fait bouillir dans des chaudières : une partie de l'eau s'évapore et le jus devient un **sirop** épais; celui-ci est envoyé dans des machines tournantes ou **turbines** qui retirent du sirop la **cassonade** et la **mélasse**. On raffine la cassonade pour obtenir le sucre blanc; il est ensuite coulé dans des moules où il durcit et donne ces pains de sucre que nous voyons, entourés de papier bleu, chez les épiciers. Il suffit de scier le sucre en pains avec une machine spéciale pour avoir le sucre en morceaux.

3. En chauffant fortement le sucre, il fond et devient un liquide épais et clair; si on continue à chauffer, il devient brun et se transforme en **caramel**, avec lequel on fait des bonbons bien connus des enfants.

Pour préparer le **sucre d'orge**, on fait cuire dans une bassine du sucre ordinaire avec de l'eau; quand le sirop est bien épais, on y ajoute quelques gouttes d'essence de menthe ou de vanille et on le coule dans des moules, pour avoir des bâtons, ou sur une table de marbre huilée pour le couper ensuite en **berlingots**.

Les **dragées** sont fabriquées avec du sucre en poudre, coloré ou non, mais humide, contenu dans des cages tournantes. On y ajoute des amandes ou des noisettes dépouillées de leur écorce et on met les cages en mouvement ; les amandes roulent au milieu du sucre qui s'attache à elles et forme une couche de plus en plus épaisse. On arrête quand les dragées ont atteint la grosseur désirée.

Les dragées à liqueur sont obtenues de la même façon, mais les amandes sont remplacées par des gouttes de liqueur qui tombent petit à petit dans la cage tournante en passant à travers un tamis.

RÉSUMÉ

1. *Le sucre est fabriqué avec le jus de la canne à sucre et de la betterave. La canne à sucre pousse dans les pays chauds. Elle sert aussi à la fabrication du rhum.*

2. *En France, le sucre est extrait des betteraves, dans les sucreries. Le jus purifié donne le sucre en grains; celui-ci, raffiné, produit le sucre en pains; le sucre en morceaux est obtenu en sciant le sucre en pains.*

3. *Chauffé, le sucre devient du caramel. Cuit avec un peu d'eau et d'essences, il donne le sucre d'orge et les berlingots. Les dragées sont fabriquées avec du sucre en poudre dans lequel on fait rouler des amandes ou des gouttes de liqueur.*

28e LEÇON

L'eau

1. L'eau existe à la surface de la terre : les **océans** et les **mers**, les **fleuves**, les **rivières**, les lacs en contiennent des quantités énormes.

On trouve aussi, à l'intérieur de la terre, et à une profondeur plus ou moins grande, des masses d'eau invisibles; ce sont les **nappes** et les **sources**; elles proviennent de l'eau des pluies qui a pénétré dans le sol et a été arrêtée par une couche de terrain qu'elle n'a pu traverser. L'eau de quelques sources profondes est chaude; cela est facile à comprendre, car plus on s'enfonce dans la terre, plus il fait chaud. On donne le nom d'**eaux thermales** à celles qui proviennent des sources chaudes.

2. L'eau est un liquide incolore quand elle est pure; quelquefois elle est colorée et trouble, parce qu'elle contient des matières qui la rendent impure. Cependant, l'eau de la mer, vue sous une grande épaisseur, paraît bleue ou verte. 1 litre d'eau pèse exactement 1 kilogramme.

3. Nous utilisons l'eau de plusieurs façons, d'abord pour faire cuire un grand nombre d'aliments, pour préparer le café, le thé, le chocolat, les tisanes; puis pour laver le linge et tous les objets dont nous nous servons. Elle sert aussi comme boisson, et on peut dire que c'est la meilleure de toutes. Mais, pour cet usage, il faut prendre certaines précautions. L'eau, en effet, contient souvent des matières nuisibles qui la rendent dangereuse; elle peut alors faire du mal à l'estomac et à l'intestin, ou tout au moins rendre la digestion difficile. De plus, elle renferme quelquefois les germes de maladies contagieuses comme ceux de la fièvre typhoïde, de la variole et du choléra. Des savants ont même calculé que 1 litre d'eau pouvait, dans certains cas, contenir jusqu'à deux cent mille **microbes**. Il est donc nécessaire de la purifier avant de la boire. Pour cela, on se sert

Fig. 72. — Filtre à charbon.

de **filtres**; il y en a de plusieurs modèles; les filtres à charbon (*fig.* 72) sont communs, mais insuffisants; les meilleurs sont les filtres Pasteur (*fig.* 73); ils arrêtent tous les microbes. En temps d'épidémie, il est indispensable de faire bouillir l'eau et, quand elle est refroidie, de la battre avec un petit balai pour l'aérer.

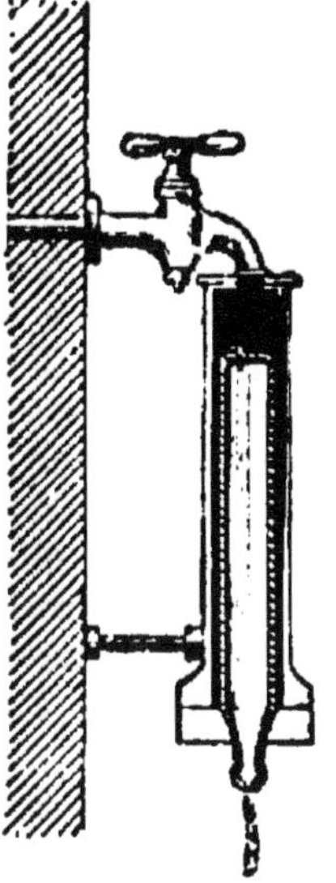

Fig. 73. — Filtre Chamberland.

4. L'eau est encore utilisée comme moyen de **propreté**. Notre corps doit toujours être propre, sinon les poussières et la crasse bouchent les petits trous ou pores de la peau et empêchent la sueur de sortir, ce qui peut produire une sorte d'empoisonnement. Se laver les mains, avant le repas, et le visage, le matin, est déjà nécessaire, mais ce n'est pas assez; il faut encore nettoyer tout le reste du corps, au moins une fois par semaine, en prenant un **bain**. [illegible]té, c'est facile : on peut se plonger dans l'eau de la mer ou d'une rivière, en évitant les imprudences. A toute autre époque de l'année, on prend des bains tièdes chez soi, dans une **baignoire** (*fig.* 74). C'est le seul moyen de se bien porter.

Fig. 74. — Baignoire.

5. Beaucoup d'usines, des moulins, des filatures sont mus par l'eau des rivières. Le plus souvent, on construit un **barrage** tout près de l'usine; l'eau s'amasse derrière ce barrage et tombe, par-dessus, sur une roue à palettes (*fig.* 8) qu'elle fait tourner; la roue communique par des engrenages avec les machines installées dans l'usine et les met en mouvement.

RÉSUMÉ

1. *L'eau forme les cours d'eau, les lacs et les mers, à la surface de la terre; dans son intérieur, elle forme les nappes et les sources.*

2. *L'eau est incolore quand elle est pure; sous une grande épaisseur, elle paraît verte ou bleue.*

3. *Nous utilisons l'eau pour faire cuire les aliments et comme boisson. Dans ce cas il faut la filtrer, afin d'éviter les maladies contagieuses. En temps d'épidémie, on doit la faire bouillir avant de la boire.*

4. *L'eau sert aussi comme moyen de propreté. Il est nécessaire de se laver les mains et le visage plusieurs fois par jour, et de prendre un bain au moins toutes les semaines.*

5. *L'eau des cours d'eau est souvent utilisée pour faire marcher des usines.*

29e LEÇON

La vapeur

1. Mettons sur un fourneau allumé un vase de verre plein d'eau et regardons avec attention. Au bout de quelques minutes, de petites bulles s'élèvent dans le liquide : c'est de l'air qui s'échappe. Aussitôt on entend un bruit particulier : l'eau **chante**. Puis de grosses bulles de **vapeur** (*fig.* 75) partent du fond du vase et viennent crever à la surface, toute la masse bouillonne, et la vapeur s'élève au-dessus sous forme de fumée blanche. L'eau se transforme donc en vapeur lorsqu'on la fait bouillir.

En se refroidissant, la vapeur redevient eau liquide; il suffit, pour le prouver, de placer une assiette froide au milieu de la vapeur; aussitôt de l'eau se forme sur l'assiette et coule.

La vapeur d'eau a une grande force lorsqu'elle est renfermée dans un espace étroit. On peut le remarquer en regardant la marmite où bout le pot-au-feu ; la vapeur en soulève le couvercle pour s'échapper. Une expérience très simple le montre encore mieux (*fig.* 76). On remplit à

Fig. 75. — Eau bouillant dans un ballon.

Fig. 76. — Force de la vapeur d'eau.

moitié d'eau un tube de porte-plume en fer, puis on le bouche bien en le passant au travers d'une tranche de pomme de terre crue; on chauffe alors le bas du tube dans la flamme d'une bougie ; l'eau intérieure bout et donne de la vapeur ; celle-ci, enfermée, pousse avec force le bouchon de pomme de terre, qui saute avec une petite explosion.

2. Denis Papin, un Français, a le premier pensé à utiliser cette force de la vapeur. Après lui, **Fulton**, **Stephenson** et **Watt** sont parvenus, à force de recherches, à construire les **machines à vapeur**.

Les premières de ces machines étaient imparfaites. Aujourd'hui, elles sont perfectionnées et répandues partout. Elles comprennent toutes une grande **chaudière** (*fig.* 77) dans laquelle on fait bouillir de l'eau; la vapeur formée est conduite par un tube solide dans une **boîte** bien fermée; sa paroi est traversée par la tige d'un **piston** qui peut se mouvoir dans son intérieur. La vapeur entre d'abord par un bout et pousse le piston; elle entre ensuite par l'autre

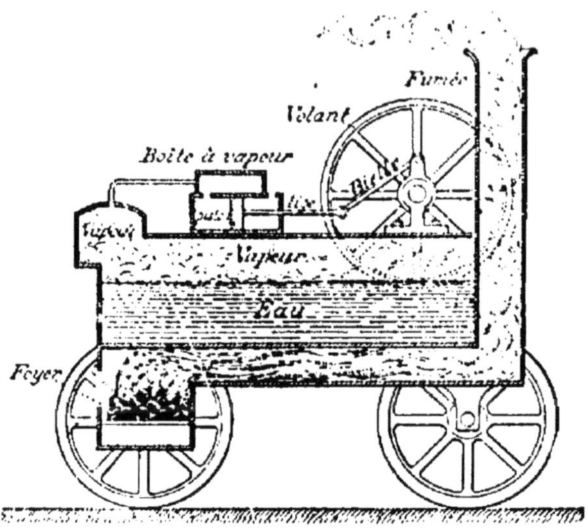

Fig. 77. -- Machine à vapeur, supposée coupée en long.

bout et pousse le piston en sens contraire, de sorte que la tige décrit un mouvement de va-et-vient, et, comme elle est rattachée à l'essieu d'une roue, celle-ci tourne rapidement.

3. Il y a deux sortes de machines à vapeur. Les **locomobiles** (*fig.* 78) ou **moteurs** sont employées dans les scieries, les moulins, les filatures, dont elles font marcher les machines, à l'aide de longues courroies de cuir qui passent sur la roue du moteur et sur les roues d'engrenage ; celles-ci communiquent le mouvement aux meules, aux scies, etc.

Les autres machines à vapeur sont appelées **locomotives** (*fig.* 79). Elles sont employées sur les chemins de fer pour faire courir sur les rails les wagons de voyageurs et de marchandises. Elles peuvent traîner derrière elles quarante ou cinquante wagons lourdement chargés. Celui qui dirige une locomotive est le **mécanicien** ; il règle la vitesse comme il veut, à l'aide de leviers qu'il manœuvre dans un sens ou dans l'autre, de manière à faire arriver la vapeur dans la boîte à piston, ou de l'empêcher d'y parvenir quand

Fig. 78. — Locomobile.

Fig. 79. — Locomotive.

il s'agit d'arrêter la machine. Le mécanicien est aidé par un **chauffeur**, qui entretient le feu sous la chaudière, en y ajoutant de temps en temps des morceaux de charbon de terre placés en réserve dans le **tender** qui suit la locomotive.

RÉSUMÉ

1. *Par la chaleur, l'eau bout et se transforme en vapeur; celle-ci redevient liquide si on la refroidit. La vapeur a une grande force; elle est capable de faire éclater les vases les plus solides.*

2. *La force de la vapeur est utilisée dans les machines à vapeur; elles comprennent une chaudière, une boite à vapeur dans laquelle peut glisser un piston; la vapeur pénètre dans la boite et pousse le piston, tantôt dans un sens, tantôt dans l'autre; la tige du piston fait tourner les roues.*

3. *Il y a deux sortes de machines à vapeur : les locomobiles, employées dans les usines, et les locomotives, qui traînent les wagons sur les rails des chemins de fer.*

30e LEÇON

Les nuages et la pluie

1. La vapeur se forme quand on fait bouillir de l'eau; mais il s'en forme encore d'une autre manière. Versons un verre d'eau dans une assiette creuse et exposons-la au soleil : l'eau diminuera peu à peu, et, au bout d'une heure ou deux, il n'y en aura plus du tout. Elle s'est transformée en vapeur sans qu'on ait rien vu; elle n'a pas bouilli, elle s'est évaporée lentement, et la cause de cette **évaporation** est la chaleur du soleil.

Or, il y a beaucoup d'eau sur la terre, dans les mers et les océans, et la chaleur du soleil est souvent très forte; il se produit donc une grande évaporation à la surface de la terre, et il en résulte une énorme quantité de vapeur qui s'élève dans l'air.

2. L'air est plus chaud au voisinage de la terre qu'à de grandes hauteurs; de sorte que la vapeur d'eau se refroidit à mesure qu'elle s'élève; elle commence à s'épaissir, à se rassembler et forme les **nuages**. Ils sont d'abord légers, séparés les uns des autres, et à travers on aperçoit par places le bleu du ciel; les marins les appellent **queues de chat**; le vent les emporte un peu partout et quelquefois on les voit courir avec rapidité. Les nuages légers finissent par se réunir; ils deviennent plus épais et prennent la forme de **balles de coton**.

Il arrive parfois, surtout à la fin de l'été et au commencement de l'automne, que la vapeur d'eau n'a pas le temps de s'élever dans l'air : elle se condense tout près du sol en un nuage léger qu'on appelle **brouillard**. Celui-ci se forme principalement le matin de bonne heure, à cause de la fraîcheur de la nuit; il se dissipe après le lever du soleil. Pourtant certaines villes restent dans le brouillard une bonne partie du jour; cela arrive souvent à **Londres**, où les becs de gaz sont encore allumés à neuf heures du matin.

3. Quand le refroidissement est très grand, la vapeur d'eau des nuages redevient complètement liquide et tombe sur la terre en **pluie**, tantôt fine, tantôt **battante**. En France, il pleut surtout à l'automne et au printemps; l'été n'a que des pluies d'orage. L'eau des pluies est bienfaisante; elle arrose les champs et les plantes, qui, sans elle, ne pousseraient pas; aussi les pays où il ne pleut jamais, comme la plaine d'Atacama, en Amérique, sont de véritables déserts.

4. Une partie de l'eau des pluies pénètre dans le sol et y descend parfois à une grande profondeur. Lorsqu'elle rencontre sur son passage une couche de terrain qu'elle ne peut traverser, elle s'arrête et forme une **nappe**. Le plus souvent l'eau de la nappe ne peut s'écouler et reste immobile; elle n'est pas perdue pourtant, on peut aller la chercher en creusant un **puits** (*fig.* 80). Mais, si la nappe s'est formée dans une montagne ou dans une colline, elle trouve une issue pour s'échapper; elle coule alors sur le flanc de la colline et produit une **source** (*fig.* 81).

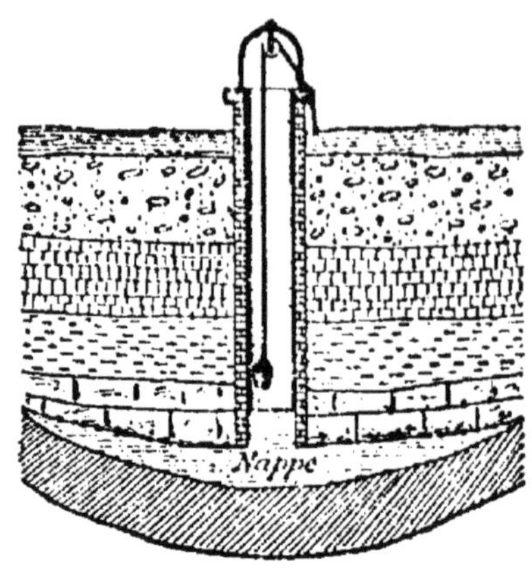

Fig. 80. — Puits.

5. L'eau des pluies qui n'a pas pénétré dans la terre coule sur le sol. Dans les montagnes, elle court avec rapidité, se creuse un **lit** et forme un **torrent**. Quand la pente n'est plus si forte, les torrents se changent en **ruisseaux**; ceux-ci deviennent de plus en plus importants; plusieurs se réunissent et forment une **rivière**; à leur tour, plusieurs rivières donnent naissance à un **fleuve** qui ramène à la mer l'eau des pluies.

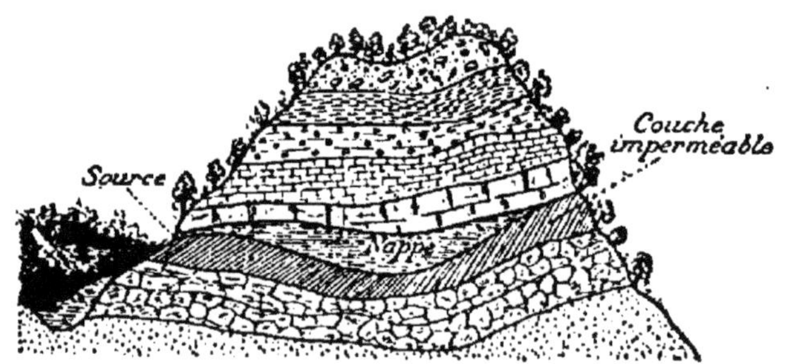

Fig. 81. — Source.

Si, sur son trajet, un cours d'eau rencontre un obstacle qu'il ne peut franchir, l'eau s'amasse en cet endroit et forme un lac.

RÉSUMÉ

1. *L'évaporation est la transformation lente et invisible de l'eau en vapeur; elle est produite par la chaleur du soleil, à la surface des mers et des cours d'eau. La vapeur formée s'élève dans l'air.*

2. *Quand l'air se refroidit, la vapeur forme les nuages. Un brouillard est un nuage léger situé tout près du sol.*

3. *Les nuages suffisamment refroidis produisent la pluie; celle-ci est utile : elle arrose les plantes.*

4. *Une partie de l'eau des pluies s'enfonce dans la terre et forme les nappes et les sources. On peut aller chercher l'eau des nappes au moyen de puits.*

5. *L'eau des pluies qui coule sur le sol donne naissance aux torrents, aux ruisseaux, aux rivières, aux fleuves et aux lacs.*

31e LEÇON

La navigation

1. Lorsqu'on jette un corps dans une rivière ou dans la mer, il va au fond, s'il est plus lourd que l'eau; mais, s'il est plus léger, il reste à la surface et ne s'enfonce pas; on dit qu'il **flotte**.

La propriété de flotter sur l'eau que possèdent certains corps est utilisée dans la **navigation**. Elle a été pratiquée dans les temps les plus reculés, et les sauvages même savent profiter des cours d'eau qui traversent leurs pays pour se rendre d'un endroit à un autre.

2. Autrefois, les moyens de navigation étaient des plus simples. Les premiers bateaux furent des troncs d'arbres sur lesquels les hommes se mettaient à cheval et qu'ils poussaient en enfonçant des branches dans l'eau jusqu'au fond. Puis ils eurent l'idée de creuser ces troncs d'arbres, et de remplacer les branches par les **rames**. Ce fut un grand progrès, car on pouvait ainsi éviter de se mouiller; de plus, il devenait possible d'aller à de plus grandes distances, de charger le bateau et de transporter toutes sortes de choses. C'est encore de cette façon que naviguent les nègres de l'Afrique et les sauvages des îles du Pacifique; leurs embarcations sont des **pirogues** (*fig.* 82) qu'ils manœuvrent avec beaucoup d'adresse à l'aide de **pagaies** ou rames doubles.

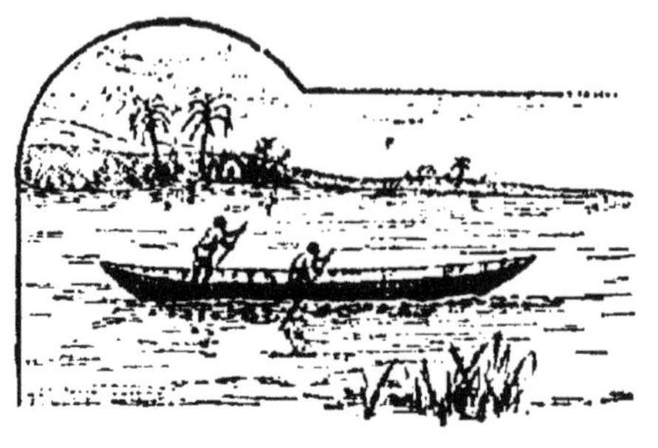

Fig. 82. — Pirogue.

Fig. 83. — Barque.

Lorsqu'on sut débiter les troncs d'arbres en planches, la navigation fut encore perfectionnée. On construisit avec ces planches des **barques** (*fig.* 83) plus grandes et plus légères, pouvant contenir un plus grand nombre de personnes ; et, pour empêcher l'eau de pénétrer à l'intérieur, on enduisit tout le dehors d'une couche de goudron, après avoir bouché les trous avec de l'étoupe et du suif ; mais le moyen de les faire marcher était toujours la rame.

3. Plus tard, on eut l'idée d'employer la force du vent. De véritables **navires** furent construits. On les munit de **mâts** (*fig.* 84), espèces d'arbres fixés solidement debout et auxquels on attacha de grands morceaux de toile très forte : le vent soufflait dans les voiles et poussait le navire. On n'avait plus besoin de tant d'hommes pour manœuvrer les embarcations, et on allait beaucoup plus vite.

Fig. 84. — Bateau à voiles.

La **navigation à voile** fut peu à peu perfectionnée. On inventa le gouvernail pour diriger à volonté les bateaux. On donna aux navires des formes diverses : il y avait des **bricks**, des **goélettes** pour la marine de commerce, des **frégates** et des **vaisseaux de ligne** pour la marine de guerre. Trois ou quatre cents personnes pouvaient être transportées sur un seul vaisseau.

4. De nos jours, on a remplacé le vent par la **vapeur**.

Sans doute, il existe encore beaucoup de navires à voiles, mais ils ne servent plus qu'au transport des marchandises. Les voyageurs qui ont besoin de traverser les mers pour aller en Amérique, en Asie ou en Afrique s'embarquent sur des **paquebots** (*fig.* 85) ; ce sont de grands bateaux admirablement construits et mus par la vapeur. On y trouve des chambres à coucher, des salons, des salles à

Fig. 85. — Paquebot.

manger, comme dans les hôtels des villes ; ils vont bien plus vite que les navires à voiles ; il y a cinquante ans, on mettait huit ou dix jours pour aller de Marseille à Alger ; aujourd'hui, les paquebots ne mettent pas plus de vingt-six heures.

On a fait mieux encore, on a remplacé le bois par l'acier et le fer dans la construction des navires ; ils sont ainsi plus solides. Tels sont les **cuirassés** (*fig.* 86), bateaux énormes, tout bardés d'acier, qui logent jusqu'à neuf cents hommes, et portent en plus des canons, des obus en grande quantité, etc., ce qui ne les empêche pas d'aller très vite.

Fig. 86. — Cuirassé.

5. Enfin, pour la marine de guerre, on a essayé de construire des navires marchant sous l'eau, et on a réussi. La marine française a déjà une cinquantaine de **sous-marins**

Fig. 87. — Sous-marin.

(*fig.* 87). Ce sont de petits bateaux pointus aux deux bouts et mis en marche par l'électricité; ils contiennent dix ou douze marins. Grâce à un appareil spécial, au moment voulu, ils s'enfoncent à une profondeur de 30 ou 40 mètres et naviguent comme s'ils étaient à la surface. Ils remontent ou plongent comme de vrais poissons.

RÉSUMÉ

1. *La navigation est l'art de faire marcher les bateaux sur l'eau des rivières, des canaux ou de la mer.*

2. *Les bateaux les plus petits sont les pirogues et les barques; on les met en marche avec des rames.*

3. *Les navires à voiles sont mus par le vent qui souffle dans les voiles suspendues aux mâts; on dirige ces navires à l'aide d'un gouvernail.*

4. *Les navires à vapeur sont les paquebots, pour le transport des voyageurs et des marchandises, les cuirassés et les torpilleurs, ou navires de guerre.*

5. *Les sous-marins sont de petits bateaux qui naviguent sous l'eau; ils sont mis en marche par une machine électrique.*

32e LEÇON

La neige et la glace

1. Par la chaleur du soleil ou d'un fourneau, l'eau se transforme en vapeur, c'est-à-dire passe de l'état liquide à l'état gazeux. Par le froid, au contraire, elle passe de l'état liquide à l'état solide, elle devient **glace**. Ce fait se produit l'hiver, quand **il gèle**.

La glace a une grande force, elle peut briser les objets les plus solides. Pour s'en convaincre, il suffit de remplir d'eau une bouteille, de la bien boucher et de la placer dehors, un soir d'hiver : on la trouve, le lendemain, fendue de tous les côtés (*fig.* 88). On a fait la même expérience avec un boulet de fer creux et fermé par un bouchon vissé : le boulet était cassé, tout comme la bouteille.

Fig. 88. — Bouteille cassée par la glace.

Pendant l'hiver, au moment des fortes gelées, la glace se forme à la surface des cours d'eau, surtout des lacs et des étangs. Elle est parfois épaisse et peut supporter des poids très lourds. Les enfants et même les grandes personnes en profitent pour faire de bonnes parties de **patinage** (*fig.* 89). Ils adaptent à leurs pieds des patins, espèces de souliers dont la semelle est garnie d'une mince tringle d'acier recourbée en avant, et à l'aide desquels ils courent en glissant sur la glace avec une grande rapidité. Parfois, une chute brusque se produit, mais on ne se décourage pas pour si peu ; on rit, et on repart de nouveau.

Fig. 89. — Patinage.

En certains pays du nord, la Russie, la Suède, etc., la glace se forme, non seulement sur les cours d'eau, mais aussi sur les routes. On voyage alors en **traîneau**, voiture sans roues tirée par un cheval ferré d'une façon spéciale. En Laponie, les traîneaux sont tirés par des chiens ou par des **rennes**.

On sait aujourd'hui fabriquer de la glace artificielle, même l'été, en refroidissant l'eau à l'aide d'appareils construits par les ingénieurs. La glace artificielle est utilisée pour rafraîchir les boissons dans les cafés des villes et chez les particuliers. Il est bon de ne pas en abuser, si on veut

Fig. 90. — Bonhomme de neige.

éviter les maladies de l'intestin comme la diarrhée et l'**entérite**.

2. Lorsqu'il pleut l'hiver, les gouttes de pluie n'ont pas le temps d'arriver jusqu'au sol; en traversant les couches d'air froid, elles se gèlent et tombent sous forme de **neige**. Celle-ci est encore de l'eau solide, mais elle est blanche, moins dure que la glace, qui est le plus souvent incolore et transparente. En certains endroits, la neige s'amasse sous une grande épaisseur, à la grande joie des enfants ; ils vont en effet, malgré le froid, construire des bonshommes tout blancs (*fig.* 90) et les criblent de boules de neige ; ou bien ils se partagent en deux camps et se livrent de vraies batailles à coups de **boulets** qui ne font pas de mal. Quelles bonnes parties!

Dans les hautes montagnes, la neige ne fond jamais;

Fig. 91. — Avalanche.

elle s'entasse tous les ans : c'est la **neige perpétuelle**; à force de se serrer, elle forme les **glaciers**, comme la Mer de Glace, au pied du mont Blanc.

Quelquefois, au contraire, la neige accumulée sur le flanc d'une montagne se détache et roule le long des pentes avec une vitesse de plus en plus grande ; elle entraîne des quartiers de rochers qui s'écroulent avec un bruit effrayant, brisant tout sur leur passage, cassant les arbres, écrasant les maisons avec leurs habitants. Ce sont les **avalanches** (*fig.* 91), si redoutables dans les Alpes et les Pyrénées.

3. Pendant l'été, à l'époque des orages, il arrive souvent que les gouttes de pluie sont brusquement refroidies en traversant les couches d'air; elles ne se prennent plus en neige, mais en **grêle**, et forment de petites boules de glace très serrée; ce sont les **grêlons**, parfois gros comme des œufs de poule. Leur chute peut occasionner des accidents, tuer des animaux et même des personnes; en tout cas, la grêle est nuisible, car elle hache les plantes, les arbres, la vigne, le raisin, et cause de grands dégâts. Les habitants des campagnes savent reconnaître les nuages à grêle, et ils parviennent souvent à les éloigner en tirant des coups de **canon paragrêle**.

RÉSUMÉ

1. *L'hiver, lorsqu'il fait très froid, l'eau gèle, devient solide et se transforme en glace. La glace a une grande force; par la gelée, les vases pleins d'eau et bouchés se brisent facilement. On sait fabriquer de la glace artificielle, à l'aide de machines qui refroidissent l'eau.*

2. *Quand il pleut, l'hiver, la pluie tombe sous forme de neige. Dans les hautes montagnes, la neige ne fond jamais; c'est la neige perpétuelle; en se tassant, elle donne naissance aux glaciers. Parfois elle se détache et cause les avalanches.*

3. *Pendant l'été, les gouttes de pluie se transforment quelquefois en glace avant d'arriver sur la terre; c'est la grêle, qui peut causer de grands dégâts.*

33e LEÇON

Le vin

1. Après l'eau, le **vin** est la boisson la plus utilisée par les hommes. Il est fabriqué avec le **raisin**, fruit de la vigne.

La vigne est un arbrisseau commun en France, dans les départements du Midi et du Centre, mais rare dans le Nord, sauf en Champagne. Dans les grandes forêts de l'Amérique et de l'Afrique, la vigne pousse naturellement; elle grimpe le long des arbres et s'élève très haut ; c'est la **vigne vierge**, dont les fruits sont petits et aigres, ce qui n'empêche pas les habitants de ces pays de s'en nourrir.

La culture de la vigne demande beaucoup de soins. Elle est faite par le **vigneron**, qui choisit de préférence les coteaux ou les collines pour y planter les **ceps** ou pieds de vigne. Au mois de mars, après les gelées, le vigneron taille les ceps avec beaucoup d'attention, puis il pioche le sol tout autour et y met du fumier. Quand les nouvelles branches sont poussées, on plante un **échalas** ou piquet de bois au pied de chaque cep, on y attache les **sarments** avec des brins de paille ou de jonc, et on arrache les mauvaises herbes. Depuis quelques années, le vigneron a d'autres travaux, car la vigne est attaquée par des insectes et des maladies qui la feraient périr, si on n'y prenait garde. Tels sont le **phylloxera**, qui ronge les racines, le **mildiou** et l'**oïdium**, qui s'attaquent aux feuilles et aux fruits. On a trouvé le moyen de combattre ces ennemis. Lorsque les feuilles sont bien développées et que les raisins commencent à se former, le vigneron répand sur tous les ceps du **soufre** en poudre pour empêcher les maladies de se produire.

Vers le mois de mai, la vigne fleurit ; ses fleurs sont réunies en grappes ; elles n'ont pas de couleur et durent une dizaine de jours; elles se fanent et les grains de raisin grossissent peu à peu, pendant l'été. La chaleur les fait mûrir : les uns blanchissent, les autres deviennent noirs.

Fig. 92. — La vendange.

2. Lorsque le raisin est mûr, vers la fin du mois de septembre ou au commencement d'octobre, on fait la vendange (*fig.* 92). C'est un joyeux moment. Des troupes d'hommes, de femmes, d'enfants se répandent dans les vignes et, en chantant, coupent avec des ciseaux les grappes de raisin ; des paniers en sont remplis, puis versés dans des cuviers placés sur des voitures.

3. Les cuviers pleins sont transportés dans le **cellier**, et vidés dans de grandes cuves. On écrase alors les grappes de raisin de façon à en faire sortir le jus sucré, qui se met à bouillir pendant quelques jours; des bulles de gaz s'en échappent et il serait dangereux de pencher la tête au-dessus des cuves, car on pourrait être asphyxié. Quand le bouillonnement a cessé, le vin est fait. On le soutire par un robinet et on en remplit des tonneaux. Ce qui reste dans les cuves est le **marc**; il contient encore du vin qu'on en tire à l'aide d'un **pressoir** (*fig*. 93).

Fig. 93. — Un pressoir.

Le vin est rouge ou blanc. Le vin rouge est tiré du raisin noir, et il doit sa couleur à la peau des grains de raisin. On pourrait cependant, avec le raisin noir, fabriquer du vin blanc; il suffirait de presser les grappes immédiatement après la vendange et de soutirer le jus dans des tonneaux, sans attendre.

La France produit d'excellents vins; les meilleurs sont ceux de Bourgogne, de Bordeaux et de Champagne, connus dans le monde entier.

4. Le vin est une boisson agréable en même temps qu'un aliment; mais il enivre si on en boit trop, et il fait alors du mal. Les enfants ne doivent jamais boire de vin avant l'âge de huit ans. Quant aux grandes personnes, elles ne doivent pas en boire plus d'une demi-bouteille à chaque repas.

RESUMÉ

1. *Le vin est fait avec le raisin, fruit de la vigne. Celle-ci est cultivée par le vigneron. Souvent la vigne est attaquée par le phylloxera*

ou atteinte de maladies causées par des champignons. Le vigneron évite les maladies en soufrant la vigne.

2. *Quand les raisins sont mûrs, on fait la vendange.*

3. *Les raisins coupés sont écrasés pour en extraire le jus qu'on laisse fermenter. On tire ensuite le vin formé et on presse le marc à l'aide d'un pressoir. Le vin est rouge ou blanc. Les meilleurs vins de France sont ceux de Bordeaux, de Bourgogne et de Champagne.*

4. *Il est mauvais pour les grandes personnes de boire trop de vin; les enfants ne doivent pas en boire avant l'âge de huit ans.*

34e LEÇON

Les tonneaux et le liège

1. Les tonneaux, dans lesquels on renferme le vin et les autres boissons, sont en bois. Ils ont une forme cylindrique renflée au milieu et sont composés de plusieurs planches épaisses, étroites et courbées, appelées **douves**. Chaque bout du tonneau est fermé par un **fond** plat. Les douves étaient autrefois maintenues serrées par des **cerceaux** en bois; on les remplace aujourd'hui par des **cercles** de fer bien plus solides. L'une des douves est percée, à la partie la plus large et la plus renflée, d'un trou appelé **bonde**, par lequel on remplit le tonneau; un des fonds est également percé d'un trou plus étroit qui sert à fixer un robinet de bois ou de cuivre.

Fig. 94. — Un foudre.

Les tonneaux sont plus ou moins grands. Les plus petits sont les **barils**; ils contiennent 20, 30, 40 ou 50 litres. Un tonneau de 100 ou 110 litres s'appelle **barrique**, **sixain** ou **feuillette**. Une **pièce** est un tonneau de 220 ou 230 litres; un transport contient deux ou trois pièces. Enfin, on construit, actuellement, d'énormes tonneaux nommés **foudres** (*fig.* 94); certains d'entre eux peuvent contenir jusqu'à 50 et même 100 hectolitres; mais ils restent dans les grandes caves et on les démonte pour les transporter.

2. L'ouvrier qui fabrique les tonneaux, ainsi que les cuves et les seaux en bois, s'appelle **tonnelier**. Il emploie de préférence les bois de **chêne** ou de **châtaignier**, à cause de leur dureté. Pour faire un tonneau, le tonnelier fait d'abord tremper les douves dans l'eau; puis il établit un fond à une extrémité des douves qu'il maintient assemblées par un premier cerceau ou un cercle de fer; ensuite il renverse le tout au-dessus d'un feu de bois et de copeaux (*fig.* 95); la chaleur fait courber les douves au milieu; elles se rapprochent à l'autre bout, et, rapidement, le tonnelier les fixe par un cercle de fer et ajuste le deuxième fond. Il termine son travail en appliquant les uns après les autres tous les cercles nécessaires, et perce en dernier lieu la bonde et le trou du fond.

FIG. 95. — Le tonnelier.

3. Les bondes des tonneaux et les trous de fond sont le plus souvent fermés avec des **bouchons** de liège; il en est de même des bouteilles dans lesquelles on place le vin qu'on veut conserver assez longtemps.

Le liège est un corps très léger, moins lourd encore que le bois; il est un peu élastique, c'est-à-dire qu'il se laisse presser facilement pour reprendre ensuite sa première forme. Il provient de l'écorce du **chêne-liège**, qui pousse bien dans quelques départements du Midi de la France, surtout dans la région des Pyrénées, et en Algérie. C'est au bout de vingt ans environ que le chêne donne du liège assez épais pour être bon à enlever. La récolte, souvent nommée **démasclage**, se fait de la façon suivante. Des ouvriers, armés d'une petite hache bien aiguisée, font une entaille tout autour du tronc des chênes, en haut et au pied; puis ils fendent l'écorce du haut en bas et, avec un instrument en forme de coin, ils soulèvent cette écorce et l'enlèvent par grandes plaques qu'on met à sécher.

Les plaques de liège sèches sont vendues au **bouchonnier**; il les taille en bandes plus ou moins larges, et, à l'aide d'un couteau mécanique, les transforme en bouchons de toutes les grosseurs.

On fabrique aussi, avec le liège, des flotteurs pour les lignes et les filets des pêcheurs, des semelles de souliers, des ceintures de natation et enfin des casques légers que portent les habitants des pays chauds pour s'abriter du soleil.

RÉSUMÉ

1. *Le vin et les autres boissons sont conservés dans des tonneaux. Ce sont des vases en planches épaisses serrées par des cercles de fer. Les petits tonneaux sont les barils; les barriques, les feuillettes et les pièces sont plus grandes; les foudres contiennent jusqu'à* 100 *hectolitres.*

2. *Les tonneaux sont fabriqués par le tonnelier avec du bois de chêne ou de châtaignier.*

3. *Le liège est un corps léger fourni par l'écorce du chêne-liège. Quand il est sec, on en fait des bouchons de toutes les grosseurs, des flotteurs, des semelles de souliers et des coiffures légères.*

35e LEÇON

Le cidre et la bière

1. Le cidre est en usage dans les pays où la vigne ne pousse pas, c'est-à-dire dans le Nord de la France. C'est une boisson faite avec le jus des pommes et des poires. Le cidre fait avec le jus pur de poires s'appelle **poiré**.

En Normandie, en Bretagne, en Picardie, on aperçoit, en passant sur les routes, d'immenses vergers ou enclos plantés de pommiers. Les fruits de ces pommiers ne sont pas délicieux à manger : ce sont des pommes à cidre. Les branches sont tellement chargées qu'elles plient sous le poids.

Au mois d'octobre a lieu la récolte. On secoue les branches, et avec de grandes gaules on frappe sur les parties les plus hautes : les pommes tombent à terre ; on en fait des tas qu'on recouvre de paille et qu'on laisse pendant quelques jours, car les pommes ont besoin de se **taler**, de se **blettir** pour donner du bon cidre. Quand elles sont bien à point, on les écrase à l'aide d'un moulin particulier. La pulpe obtenue est déposée dans de grandes cuves, on y ajoute une quantité convenable d'eau et on laisse fermenter. Le jus sucré bout comme celui des raisins quand on fait le vin. Après un jour ou deux, le jus et la pulpe sont versés sur la table d'un **pressoir**; le premier cidre s'écoule dans un cuvier. La pulpe est ensuite rangée en couches séparées par de la paille bien propre, puis pressée fortement par de gros blocs serrés par le pressoir : le second cidre s'écoule à son tour et se mélange au premier. On obtient ainsi le **cidre doux**, très sucré.

Au sortir du pressoir, le cidre est versé dans des tonneaux descendus à la cave ou rangés dans le cellier. Les impuretés se déposent et forment **la lie**. Au bout de quelques semaines, on **tire au clair**, pour séparer le cidre fait de la lie; on le verse dans d'autres tonneaux bien propres ou on le met en bouteilles.

Le cidre est une boisson légère, un peu piquante, mais très agréable; il devient mousseux dans les bouteilles et fait sauter les bouchons comme le champagne ou la limonade. Il contient moins d'alcool que le vin.

2. La bière est en usage à peu près dans tous les pays; mais, comme le cidre, elle est surtout répandue dans les régions où le climat est trop froid pour que la vigne puisse pousser. Elle est faite par le **brasseur** avec de **l'orge** et du **houblon**. Sa fabrication est assez compliquée. Le brasseur fait d'abord germer l'orge sur de larges plaques de tôle; l'orge germée est ensuite écrasée en farine qu'on verse dans une grande cuve remplie d'eau chaude; le liquide est **brassé**, c'est-à-dire remué sans cesse, et on obtient un liquide sucré appelé **moût**. Ce moût est mis à bouillir dans des chaudières avec des fleurs de houblon; après une heure ou deux, le moût est filtré pour le clarifier, puis refroidi. Il n'y a plus qu'à le verser dans des cuves, avec un peu de **levure**; il fermente alors comme le jus des pommes et du raisin, et, quand la fermentation s'arrête, la bière est faite.

La bière est une boisson agréable et très nourrissante; mais il ne faut pas en abuser, car elle peut produire des troubles dans l'intestin et causer la diarrhée.

3. Les enfants ne doivent pas oublier qu'un verre de cidre ou de bière suffit pour eux à chaque repas; les grandes personnes peuvent en boire une bouteille, mais pas plus, car elles deviendraient alcooliques comme avec le vin.

RÉSUMÉ

1. *Le cidre est fabriqué avec le jus des pommes et des poires écrasées. Après un ou deux jours de fermentation, on presse la pulpe*

sur un pressoir, et le cidre coule dans des cuviers; on en remplit ensuite des tonneaux.

2. *La bière est aussi une boisson fermentée. Elle est faite par le brasseur avec de l'orge germée, de l'eau et du houblon; le mélange est versé dans de grandes cuves avec un peu de levure. Au bout de deux ou trois jours la bière est faite, on la soutire dans des tonneaux.*

3. *Le cidre et la bière sont de bonnes boissons; elles contiennent peu d'alcool. Il est nécessaire pourtant de ne pas en boire trop.*

36e LEÇON

Les eaux-de-vie

1. Le vin, le cidre et la bière renferment un liquide particulier qu'on appelle **alcool**. Lorsqu'il est tout à fait pur, l'alcool est à peu près incolore et répand une odeur agréable; il s'enflamme très facilement et donne une belle flamme bleue. Si on buvait quelques gouttes de cet alcool pur, on éprouverait une forte brûlure dans la gorge et l'estomac.

L'alcool forme presque à lui seul les **eaux-de-vie**. Ce sont des liqueurs qu'on fabrique aujourd'hui avec toutes sortes de choses. On en fait avec le **marc**; on appelle ainsi ce qui reste des pommes et du raisin quand on en a extrait le cidre et le vin. Ce marc est chauffé fortement dans la chaudière d'un **alambic** (*fig.* 96); l'alcool est réduit en vapeur qui est conduite par un tuyau dans un tube enroulé en forme de serpent et nommé **serpentin** pour cette raison; le serpentin est entouré d'eau très froide; la vapeur est refroidie; elle redevient liquide et l'alcool s'écoule par un robinet; on obtient ainsi **l'eau-de-vie de marc**. On appelle **cognac** l'eau-de-vie fabriquée avec le marc de raisin dans le département de la Charente ; elle tire son nom de la ville de Cognac.

Le **rhum** est fabriqué de la même façon avec la canne à sucre; il vient surtout de la Jamaïque, île des Antilles. Le **kirsch** provient des cerises et des merises.

Fig. 96. — Un alambic.

On emploie encore, pour faire des eaux-de-vie, les betteraves, les grains de blé, d'orge, d'avoine, de seigle, des haricots, le riz, la pomme de terre et même les châtaignes. Les eaux-de-vie ainsi obtenues sont bien plus mauvaises que celles de marc et de fruits : elles contiennent beaucoup d'impuretés et sont de véritables poisons. Un savant a essayé un jour d'en faire boire un petit verre à un chien bouledogue : celui-ci tomba mort immédiatement.

2. Les **liqueurs** se rapprochent des eaux-de-vie. Elles comprennent les **apéritifs**, dont les plus communs sont **l'absinthe**, l'**anisette** et le **vermout**. On les fabrique en ajoutant des plantes diverses à de l'alcool et en faisant passer le tout dans l'alambic.

L'absinthe est le plus dangereux de tous les apéritifs. Elle renferme plusieurs poisons violents, et ceux qui la boivent deviennent presque sûrement fous furieux ou meurent dans des souffrances terribles. Si on introduit, avec une seringue, le contenu d'un dé à coudre d'absinthe sous la peau d'un lapin, il est pris de convulsions et tombe foudroyé.

L'anisette est fabriquée avec l'**anis**, plante qu'on cultive souvent dans les jardins. Elle peut faire autant de mal que l'absinthe.

Quant au vermout, on l'obtient avec du vin blanc et de l'essence d'absinthe. Il est également dangereux et produit le tremblement des membres.

Les autres liqueurs, comme le **cassis**, le **curaçao**, la **chartreuse**, ne valent pas mieux ; il est préférable de s'en passer.

3. Les personnes qui boivent beaucoup d'eau-de-vie ou de liqueurs deviennent **ivrognes** ; c'est un défaut honteux, qui cause la maladie appelée **alcoolisme**. On peut pourtant devenir alcoolique sans avoir l'habitude de s'enivrer ; il suffit de boire trop de vin ou de prendre un apéritif le matin et le soir, tous les jours. Le meilleur est donc de ne jamais aller au café ou au cabaret, et de ne boire aux repas que du vin mélangé d'eau.

RÉSUMÉ

1. *Les boissons fermentées renferment de l'alcool en petite quantité. Les eaux-de-vie, au contraire, en contiennent beaucoup. Ce sont des boissons fabriquées à l'aide d'un alambic. Les plus connues sont l'eau-de-vie de marc, le cognac, le rhum et le kirsch.*

2. *Les apéritifs, comme l'absinthe, l'anisette et le vermout, sont fabriqués avec du mauvais alcool et des plantes. Ils renferment de vrais poisons. Le curaçao, le cassis, la chartreuse ne valent pas mieux.*

3. *Ceux qui boivent tous les jours de l'eau-de-vie ou des apéritifs finissent par devenir alcooliques ; ils ne peuvent plus travailler et souvent même ils deviennent fous furieux.*

37e LEÇON

Le sang

1. Les parties nutritives des aliments passent dans le **sang**, qui les porte ensuite à tous les organes du corps.

Le sang de l'homme est un liquide rouge. Si on en regarde une goutte avec un **microscope**, instrument qui grossit beaucoup les objets, on voit que le sang est composé d'un liquide jaune pâle dans lequel nagent de petits corps ronds appelés **globules**. Les uns sont rouges et donnent au sang sa couleur. Ils sont extrêmement petits, mais leur nombre est considérable, il faudrait treize chiffres pour l'écrire. On a calculé que, si on pouvait mettre les uns à côté des autres tous les globules rouges contenus dans le corps d'un seul homme, ils formeraient une bande d'une longueur égale à cinq fois la longueur du tour de la terre. Il peut arriver que le nombre des globules rouges diminue chez certaines personnes vivant trop renfermées; on dit alors que ces personnes sont **anémiques** : leurs joues sont pâles et elles se sentent faibles. Elles doivent prendre une nourriture fortifiante et faire souvent des promenades à la campagne, au grand air.

2. Le sang est contenu dans le cœur, dans les artères et dans les veines; il est mis en mouvement par le **cœur** (*fig.* 97). C'est un organe creux, gros à peu près comme le poing et suspendu au milieu de la poitrine, la pointe un peu inclinée vers la gauche. Il bat régulièrement et sans arrêt; on peut sentir ses **battements** en plaçant la main sur le côté gauche de la poitrine.

L'intérieur du cœur est divisé en quatre compartiments ou **cavités** (*fig.* 98), deux à droite, deux à gauche; les cavités droites communiquent ensemble par une petite ouverture; il en est de même pour les cavités gauches; mais il n'y a aucune communication entre la partie droite et la partie gauche du cœur.

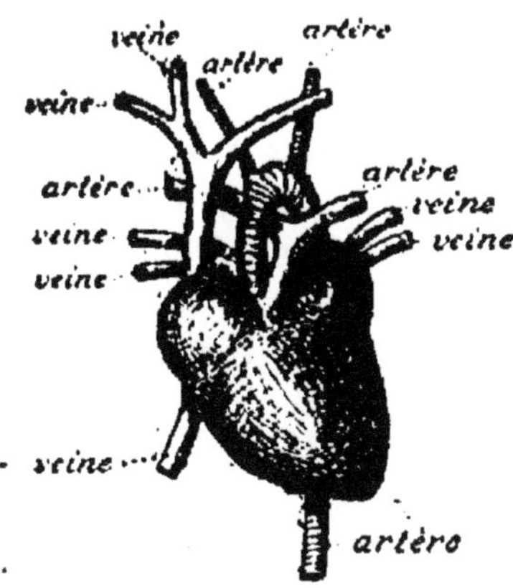

Fig. 97. — Le cœur.

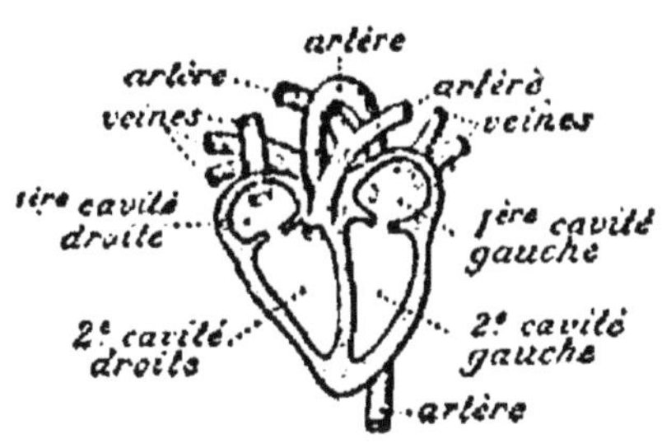

Fig. 98. — Coupe du cœur.

3. Les **artères** et les **veines** sont des sortes de tubes qui font circuler le sang dans les organes. Les artères partent du cœur; d'abord grosses, elles deviennent de plus en plus petites à mesure qu'elles s'éloignent. Les toutes petites artères se continuent par les veines; celles-ci sont d'abord très fines; elles deviennent de plus en plus grosses et sont réduites à deux lorsqu'elles arrivent au cœur.

Les artères sont placées tout près des os, on n'en voit aucune; elles contiennent du sang pur et de couleur rouge. Les veines, au contraire, renferment du sang impur et noir. On en voit quelques-unes sous la peau des mains et des bras où elles forment des cordons bleus.

4. La marche du sang dans le corps est facile à comprendre. Il part du cœur par les artères et va dans les organes, à la tête, aux bras, aux jambes; il passe ensuite dans les veines, qui le ramènent au cœur; mais, comme il est impur, le cœur l'envoie, par une artère spéciale, dans les poumons, où il se purifie; une grosse veine le ramène des poumons au cœur, qui le lance de nouveau dans les organes, et ainsi de suite pendant toute la vie.

5. Quand on se coupe, le sang coule. La plupart du temps, de petites veines seules sont coupées : il n'y a rien à craindre; il suffit de bien laver la coupure à l'eau froide, d'appliquer par-dessus un peu de charpie et de serrer assez fort avec une bande de toile : la coupure se ferme rapidement.

Au contraire, les coupures des artères sont dangereuses; il faut appeler le médecin.

RÉSUMÉ

1. *Le sang est un liquide rouge; il doit sa couleur aux nombreux petits globules qu'il renferme.*
2. *Le cœur, qui lance le sang dans les organes du corps, est situé dans la poitrine et bat sans arrêt; il est creux et divisé en quatre cavités, deux à droite, deux à gauche.*
3. *Les artères et les veines conduisent le sang; les unes et les autres communiquent avec le cœur; les artères contiennent du sang rouge et les veines contiennent du sang noir.*
4. *Le sang part du cœur; les artères le conduisent dans les organes; puis il passe dans les veines, qui le ramènent au cœur; de là, il est envoyé aux poumons et revient au cœur.*

38e LEÇON

La respiration

1. Lorsque le sang revient au cœur, ramené par les veines, il est impur et il doit aller dans les poumons se purifier par la **respiration.**

Nous avons deux poumons ; ils sont situés dans la poitrine, à droite et à gauche. Tous les deux sont creux et leur intérieur est revêtu d'une fine membrane ; ils communiquent avec la bouche et les trous du nez par un canal appelé **trachée-artère** (*fig.* 99) ; celle-ci traverse le cou et, en haut de la poitrine, se divise en deux **bronches** qui vont chacune se ramifier dans un poumon. L'air peut donc facilement arriver jusque dans les poumons en passant par les trous du nez ou par la bouche.

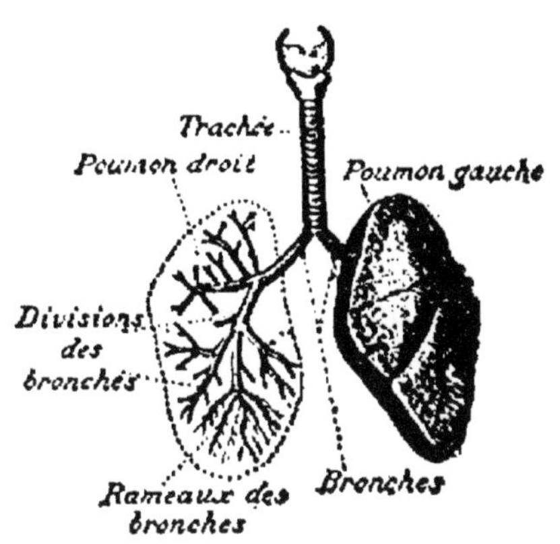

Fig. 99. — Les poumons et la trachée.

La respiration a pour but de faire pénétrer l'air dans les poumons et de l'en faire sortir lorsqu'il a purifié le sang. Comment se fait cette purification ?... Il faut d'abord connaître l'**air**. C'est un gaz qui entoure la terre ; il renferme un autre gaz important appelé **oxygène** ; sans cet oxygène, rien ne pourrait brûler, il n'y aurait plus ni de feu ni de flamme possibles ; c'est encore lui qui agit sur le sang dans les poumons. Dans le premier mouvement de la respiration, la poitrine se gonfle, se **dilate** et la cavité des poumons augmente : l'oxygène y entre avec l'air ; il passe à travers la membrane pulmonaire et pénètre dans le sang.

Ce n'est pas tout. L'oxygène qui a passé dans le sang le débarrasse de ses impuretés ; ainsi chassées, elles se répandent dans l'air et sont rejetées au dehors quand la poitrine s'abaisse au deuxième mouvement de la respiration. A l'aide d'une expérience très simple, nous allons voir quelles sont ces impuretés. Prenons un verre plein d'eau de chaux et soufflons dedans avec un soufflet de cuisine ; nous y faisons passer de cette façon un courant d'air ordinaire semblable à celui qui entre dans les poumons : l'eau n'est pas troublée. Plaçons maintenant un tube de verre entre les lèvres et soufflons dans le même verre : nous la voyons se troubler et devenir blanche comme du lait. Or, les savants ont prouvé qu'un seul gaz, le **gaz carbonique**, trouble l'eau de chaux. Donc l'air qui sort des poumons contient du gaz carbonique, et c'est lui qui rendait le sang impur.

En résumé, la respiration consiste à faire passer l'oxygène de l'air dans le sang des poumons et à le débarrasser du gaz carbonique qui est rejeté dans l'air.

2. Le gaz carbonique est un poison ; la respiration en produit une certaine quantité. Il faut donc aérer souvent les appartements, c'est-à-dire ouvrir les portes et les fenêtres, pour permettre au gaz carbonique de s'en aller.

3. Les poumons sont des organes délicats et peuvent être atteints de maladies dont quelques-unes sont dangereuses. Aussi on doit éviter de se mettre dans les courants d'air et de boire froid quand on est en sueur, pour ne pas prendre de **rhume**. Si, malgré les précautions, on se trouve enrhumé, il faut se soigner tout de suite, boire des tisanes chaudes et appliquer sur la poitrine et le dos une couche de **teinture d'iode** ; sinon le rhume pourrait se transformer en **bronchite** ou même en **tuberculose**, maladie terrible qui fait mourir tous les ans de nombreuses personnes.

4. Lorsque la respiration d'air pur ne peut se faire pendant un temps assez court, la mort se produit par **asphyxie**. Les noyés, les pendus, les étranglés, ceux qui allument un fourneau dans leur chambre après avoir fermé les portes et les fenêtres, meurent asphyxiés, si on ne vient pas à temps à leur secours. Il en est de même de ceux qui pénètrent dans les caves et les celliers au moment où le vin fermente dans les cuves.

RÉSUMÉ

1. *La respiration se fait dans les poumons; ils sont situés dans la poitrine, l'un à droite, l'autre à gauche, et communiquent avec la bouche et le nez par les bronches et la trachée-artère.*

Le but de la respiration est de purifier le sang; l'oxygène de l'air remplit cette fonction : il chasse le gaz carbonique du sang.

2. *Le gaz carbonique est un poison; il faut donc aérer souvent les appartements.*

3. *Le rhume et la bronchite sont des maladies des poumons; on les guérit avec la teinture d'iode et les tisanes chaudes. La tuberculose est plus dangereuse; on ne peut la guérir.*

4. *Chaque fois que la respiration ne peut plus se faire, il y a asphyxie; les noyés et les pendus meurent asphyxiés.*

39e LEÇON

La pression de l'air et les pompes

1. Il est une chose dont beaucoup de personnes ne se doutent pas : l'air est pesant. On a même pu mesurer son poids; 1 litre d'air pèse à peu près 1 gramme, mille fois moins que 1 litre d'eau. On a calculé aussi qu'un enfant, marchant dans la rue, supporte un poids de 10.000 kilogrammes environ; on ne le dirait guère, et cependant des expériences simples montrent que l'air presse sur tous les corps.

Frottez à plat et rapidement une pièce de deux sous contre le bois d'une porte, puis retirez vivement les doigts : la pièce reste appliquée contre la porte; c'est l'air qui presse sur elle et la maintient comme vos doigts la maintenaient.

On peut aussi prendre une carafe à goulot étroit, allumer du papier à l'intérieur, et, quand le papier est brûlé, placer sur le goulot un œuf cuit dur dont on a enlevé la coquille : on voit l'œuf pénétrer dans la carafe, poussé par l'air du dehors.

Fig. 100. — Pression de l'air.

L'air pèse donc sur tous les corps qu'il touche, même sur la surface de l'eau, comme on peut le voir avec un tube de verre et une cuvette pleine d'eau (*fig.* 100). Plongeons une extrémité du tube dans l'eau et aspirons par l'autre bout; en aspirant, nous enlevons l'air intérieur; l'air extérieur appuie seul sur l'eau de la cuvette et la fait monter dans le tube.

2. Les **pipettes** sont une application de la pression de l'air. Elles servent aux vignerons pour puiser le vin dans les tonneaux; elles sont en fer-blanc ou en verre; on plonge une extrémité par la bonde du tonneau, et par l'autre on aspire; le vin remplit la pipette; on bouche vite avec le doigt le trou du haut, on retire l'instrument sans que le vin tombe, et on le verse dans un verre.

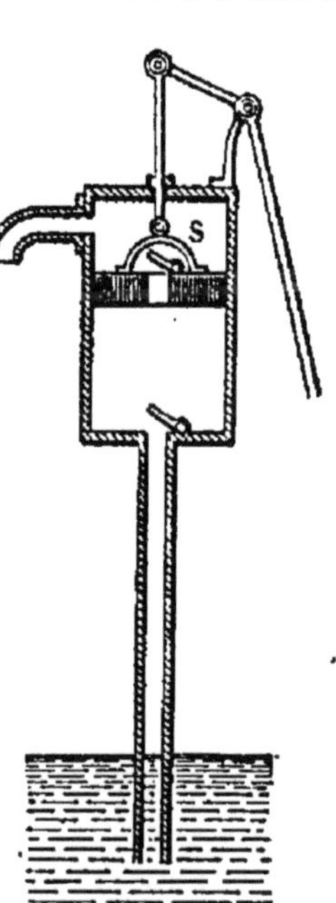

Fig. 101. — Pompe ordinaire.

3. C'est encore la pression de l'air qui fait monter l'eau dans les **pompes**. Ce sont des instruments employés pour aller chercher l'eau au fond des puits. Une pompe (*fig.* 101) comprend un **tuyau d'aspiration** soudé au

corps de pompe et un **balancier.** Si la pompe est au repos, l'eau est au même niveau dans le tuyau et dans le puits. En faisant manœuvrer le balancier, on enlève l'air du tuyau, et l'eau monte jusque dans le corps de pompe; une fois qu'elle y est parvenue, elle ne peut plus redescendre, car une soupape se ferme et l'empêche de passer. Aux coups de balancier suivants, l'eau traverse un piston percé muni également d'une soupape et s'élève au-dessus de lui; lorsque le piston remonte, sa soupape se ferme et l'eau est soulevée jusqu'à un robinet ouvert par lequel elle s'écoule. Il y a aussi des **pompes foulantes,** qu'on emploie pour éteindre les incendies; elles lancent l'eau à de grandes distances (*fig.* 102).

FIG. 102. — Pompe à incendie.

FIG. 103. — Siphon.

4. Les **siphons** sont construits sur le même principe que les pompes. Ce sont des tubes recourbés en deux branches, une grande et une petite (*fig.* 103). On les emploie pour faire écouler un liquide d'un vase dans un autre placé plus bas. La petite branche étant plongée dans le vase plein, on aspire par la grande branche et, quand le liquide est au bas de celle-ci, on cesse d'aspirer : l'écoulement se continue sans arrêt. Les marchands de vins se servent de gros tubes de caoutchouc comme siphons.

RÉSUMÉ

1. *L'air est pesant, et il exerce, sur tous les corps, une pression qu'on mesure avec les baromètres; la pression sur le corps d'un homme est de 16.000 kilogrammes environ.*

2. *Les pipettes permettent d'enlever du liquide d'un tonneau sans le remuer; c'est la pression de l'air qui maintient le liquide dans les pipettes.*

3. *C'est aussi la pression de l'air qui fait monter l'eau dans les pompes. On construit des pompes aspirantes, des pompes foulantes et des pompes à incendie.*

4. *Les siphons sont des tubes recourbés en zinc ou en verre avec lesquels on transvase les liquides.*

40e LEÇON

Les ballons et le vent

1. L'air presse sur tous les corps; ceux qui sont plus lourds que lui tombent sur la terre; mais ceux qui sont plus légers s'élèvent, au contraire. Les enfants le savent bien, et ils s'amusent souvent à faire, au bout d'un brin de paille, des bulles de savon qui s'échappent et montent dans l'air. Ils connaissent aussi ces jolis petits ballons colorés vendus par des marchands dans les rues des villes, les jours de fête, et qui s'empressent de se sauver bien haut si, par malheur, on lâche la ficelle avec laquelle on les retient.

Les hommes, eux, ne s'amusent pas avec de petits ballons; ils en construisent de très gros et ne craignent pas de s'élever avec eux dans les airs.

2. Il y a environ cent cinquante ans, les frères Montgolfier, papetiers à Annonay, construisirent les premiers bal-

lons. C'étaient de grosses boules creuses, en papier, ouvertes en bas, et qu'on gonflait en faisant du feu sous l'ouverture. L'intérieur se remplissait d'air chaud et, comme celui-ci est plus léger que l'air froid, le ballon s'élevait assez haut. On imagina ensuite d'attacher au-dessous de l'ouverture un panier en fil de fer rempli de charbon allumé pour maintenir l'air chaud; mais quelquefois le ballon prenait feu. A cette époque, personne ne songeait à partir en ballon; on ne savait même pas d'ailleurs si on pourrait vivre dans les parties élevées de l'air. Un jour, on s'avisa de suspendre à un ballon une cage dans laquelle était un mouton vivant, et, quand le ballon fut redescendu, on retrouva le mouton aussi bien portant qu'avant; il se mit même à brouter le gazon, une fois sorti de la cage. Des hommes hardis pensèrent qu'ils pourraient supporter le voyage comme le mouton. Il fallait seulement éviter le danger d'une chute. Les savants cherchèrent longtemps, et arrivèrent à construire des ballons solides et gonflés, non plus avec de l'air chaud, mais avec un gaz très léger.

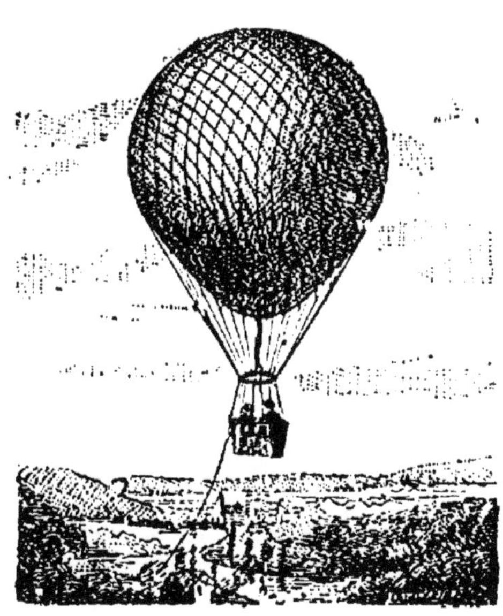

Fig. 104. — Ballon ordinaire.

Aujourd'hui, on gonfle les ballons avec le gaz d'éclairage; leur enveloppe est mince, mais résistante; elle est complètement entourée d'un **filet** qui supporte une **nacelle**, grande cage en osier dans laquelle montent les **aéronautes** (*fig.* 104). Ceux-ci peuvent, tant les ballons sont bien construits, monter ou descendre comme ils veulent.

De nos jours, on cherche à construire des ballons qu'on pourrait diriger dans l'air comme les marins dirigent leurs bateaux sur la mer. On a déjà fait de grands progrès. Deux savants, le colonel **Renard** et M. **Santos-Dumont**, ont réussi à établir des ballons dirigeables (*fig.* 105) avec lesquels ils ont fait des promenades au-dessus de Paris et

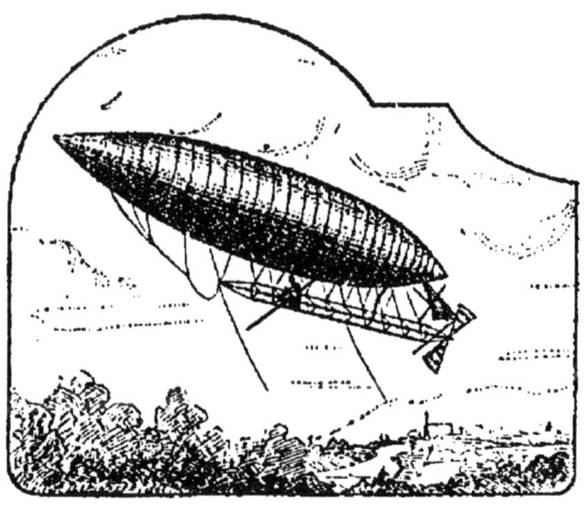

Fig. 105. — Ballon dirigeable.

dans les environs, passant par où il leur plaisait et revenant descendre chez eux. Malgré ces beaux succès, il y en a encore beaucoup à faire pour que tout soit parfait.

3. L'air n'est pas au même degré de chaleur en tous les endroits. Or, l'air chaud étant plus léger que l'air froid, il y a toujours des mouvements dans l'atmosphère. Ces mouvements produisent le **vent**, qui est utile, puisqu'il fait marcher les moulins et les bateaux à voiles. Quand il est léger, le vent s'appelle bise. Parfois il est très fort, violent même, et cause des **ouragans**; il déracine alors les arbres et renverse les maisons; on a vu des ouragans causer la mort de nombreuses personnes, en certaines régions de l'Asie et de l'Amérique.

Fig. 106. — Girouette.

Le vent ne souffle pas toujours du même côté; sa direction varie. Comme il est souvent utile de connaître cette direction, on a construit des **girouettes** (*fig.* 106) qu'on fixe sur les toits des maisons. Ce sont des flèches en fer pouvant tourner dans tous les sens autour d'un pivot. Quand le vent souffle, il presse sur la pointe de la flèche, qui est plus lourde que la queue, et cette pointe indique la direction.

RÉSUMÉ

1. *Un corps léger abandonné dans l'air s'élève à une hauteur plus ou moins grande. Tels sont les bulles de savon et les ballons.*

2. *On gonfle les ballons avec du gaz d'éclairage; leur enveloppe est entourée d'un filet qui supporte une nacelle dans laquelle montent les aéronautes. Une soupape située au sommet du ballon permet de descendre quand on veut. Pour monter, on jette du lest. On construit aujourd'hui des ballons dirigeables.*

3. *Les mouvements de l'air produisent le vent; on l'utilise pour faire marcher les bateaux à voiles et les moulins. Quand le vent est très fort, il cause des ouragans. Les girouettes sont de petits instruments fixés sur les toits des maisons pour indiquer la direction du vent.*

DEUXIÈME PARTIE

LES MOUVEMENTS ET LES SENS

41e LEÇON

Les mouvements du corps

1. Le corps de l'homme est soutenu par un **squelette** (*fig.* 107) composé d'**os**. Les os sont des organes durs; les uns sont courts ou plats; les autres sont longs et creux; ils renferment de la **moelle**.

Les os de la tête se divisent en os du crâne et os du visage. Les premiers forment une boîte fermée de tous côtés dans laquelle est contenu le cerveau. Les principaux os du visage sont les os du nez, ceux des joues et les deux mâchoires.

En arrière du tronc, tout le long du dos, est la **colonne vertébrale,** formée par 33 os à peu près semblables, nommés **vertèbres**, et empilés les uns sur les autres; chaque vertèbre est percée d'un trou, de sorte que la colonne vertébrale est traversée d'un bout à l'autre par une sorte de canal qui contient la moelle épinière. Aux vertèbres se rattachent **les côtes**; elles ont la forme de moitiés de cerceaux et sont au nombre de 24, 12 de chaque côté. En avant de la poitrine et au milieu se trouve un os plat, sur lequel les premières côtes viennent également s'attacher.

Les os du bras droit sont les mêmes que ceux du bras gauche. En haut se trouve l'**épaule**, formée par un os plat:

de l'épaule au **coude**, il n'y a qu'un os long; du coude au **poignet**, il y en a deux. La **main** comprend 13 os courts disposés sur deux rangées; enfin, chaque **doigt** renferme trois petits os placés bout à bout, sauf le **pouce** où l'on n'en voit que deux.

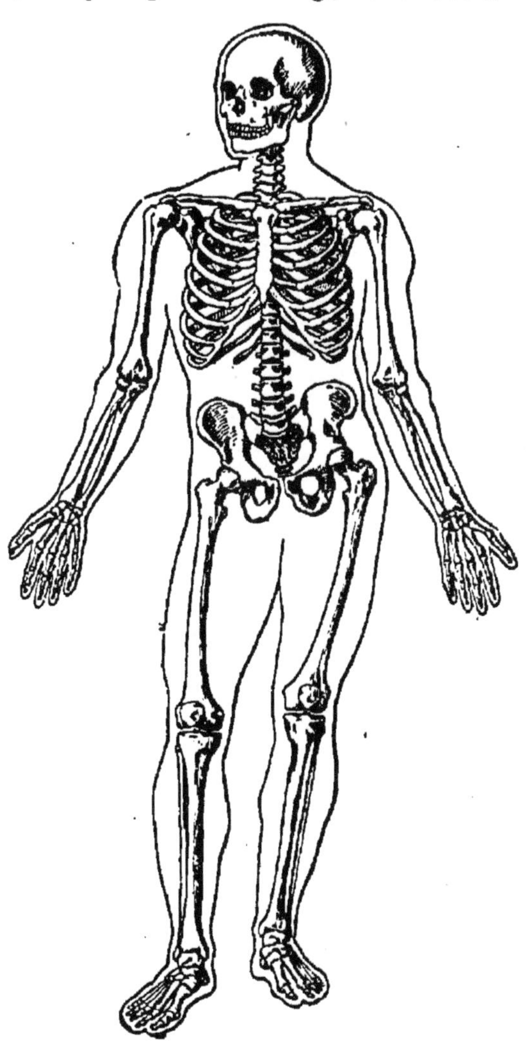

Fig. 107. — Le squelette de l'homme.

La jambe ressemble beaucoup au bras. En haut, elle comprend la **hanche**; de la hanche au **genou**, il y a un seul os long; du genou à la **cheville**, il y en a deux. Le **pied** comprend 12 os courts disposés sur deux rangées comme dans la main; l'**os du talon** est plus gros que les autres. Les **orteils** ou doigts du pied comptent aussi chacun trois petits os, sauf le pouce.

Malgré leur dureté, les os se brisent facilement, surtout les os des jambes et des bras. Lorsqu'un pareil accident est arrivé, il ne faut pas avoir peur; on entoure le membre cassé d'un linge trempé dans l'eau fraîche, en attendant l'arrivée du médecin. Celui-ci fixera, autour du bras ou de la jambe, un appareil, et, au bout de cinq ou six semaines, les deux bouts de l'os cassé seront ressoudés.

2. Le squelette est recouvert par les **chairs**, composées de **muscles**. En posant la main sur le bras plié et en le faisant remuer doucement, on sent quelque chose de dur qui se gonfle : c'est un muscle.

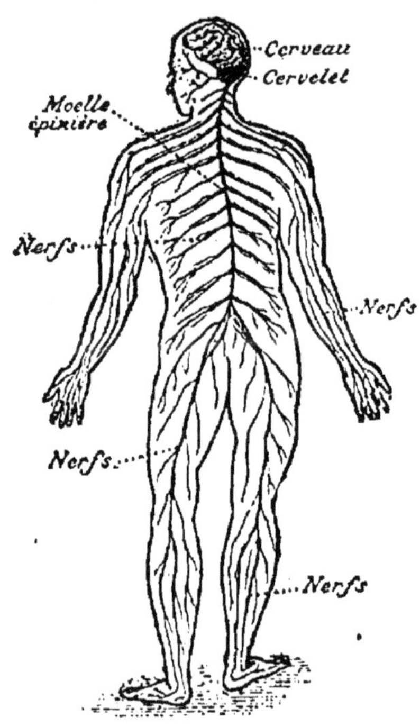

Fig. 108. — Le système nerveux.

Les muscles sont nombreux ; ils peuvent s'allonger et se raccourcir, et font ainsi mouvoir les os, c'est-à-dire le corps. Les uns plient les bras et les jambes; d'autres ferment et ouvrent les paupières et la bouche; d'autres enfin abaissent la mâchoire inférieure et la relèvent ensuite. La poitrine et le dos sont couverts de muscles.

Les muscles se fortifient beaucoup par l'exercice; c'est pourquoi il est bon pour les enfants de jouer, de courir et de faire de la **gymnastique**; tout cela développe les muscles, donne de la force au corps et assure la bonne santé.

3. Les muscles n'exécutent pas tout seuls leurs mouvements. Ils obéissent aux ordres du **cerveau** (*fig.* 108). Celui-ci est situé dans le crâne; il se continue par la **moelle épinière**, logée dans le canal des vertèbres. Du cerveau et de la moelle partent les **nerfs**, qui aboutissent à toutes les parties du corps, surtout aux muscles. Ces nerfs sont comme des fils télégraphiques; ils informent le cerveau de tout ce qui se passe dans toutes les parties du corps ainsi qu'à la surface de la peau, et le cerveau, renseigné, envoie des ordres aux muscles par l'intermédiaire des mêmes nerfs. Ainsi se font tous les mouvements. Si le cerveau ne fonctionne plus, rien ne va plus; on est d'abord **paralysé**, et, si la paralysie est complète, elle amène immédiatement la mort.

RÉSUMÉ

1. *Le corps de l'homme est soutenu par des organes durs appelés os, dont l'ensemble forme le squelette.*

Dans la tête, on remarque les mâchoires et la boîte du crâne; les os les plus importants du tronc sont la colonne vertébrale, les côtes, les épaules et les hanches. Les os des bras et des jambes sont longs et creux.

2. *Les os sont mis en mouvement par les muscles; ceux-ci peuvent s'allonger et se raccourcir; ils forment les chairs et couvrent tout le corps.*

3. *Tous les mouvements du corps sont commandés et dirigés par le cerveau; il est placé dans la boîte crânienne et aidé par la moelle épinière, logée dans le canal vertébral, et par les nerfs.*

42e LEÇON

La lumière et les miroirs

1. La lumière qui nous éclaire le jour vient du soleil; on l'appelle **lumière naturelle**. Le soir, quand le soleil est couché, on s'éclaire en allumant des bougies, des lampes

ou des becs de gaz; ces instruments donnent une **lumière artificielle**.

Le soleil, la flamme des lampes et des becs de gaz, tous les corps qui produisent de la lumière sont des **corps lumineux**. Le verre, l'air, l'eau ne sont pas lumineux, mais ils se laissent traverser par la lumière; ce sont des **corps transparents**. Le fer, la tôle, le bois, les pierres ne sont ni transparents ni lumineux; on les appelle **corps opaques**.

2. La lumière se répand **dans tous les sens** et **marche en ligne droite**. On voit ce fait lorsqu'on se trouve, un jour d'été, dans une chambre dont tous les volets sont fermés; on remarque souvent un rayon de soleil passer par un petit trou du volet et pénétrer dans la chambre en formant une ligne lumineuse dans laquelle flottent les poussières de l'air.

La marche en ligne droite de la lumière explique la formation des **ombres**, comme le montre l'expérience suivante. Le soir, placez une bougie allumée sur une table et, un peu plus loin, dressez un morceau de carton sur lequel est collée une feuille de papier blanc. La feuille est éclairée tout entière. Suspendez alors, à l'aide d'un fil, une balle de caoutchouc ou une grosse bille, entre la bougie et la feuille de papier; vous verrez se former sur la feuille un rond noir; c'est l'ombre de la balle ou de la bille (*fig.* 109).

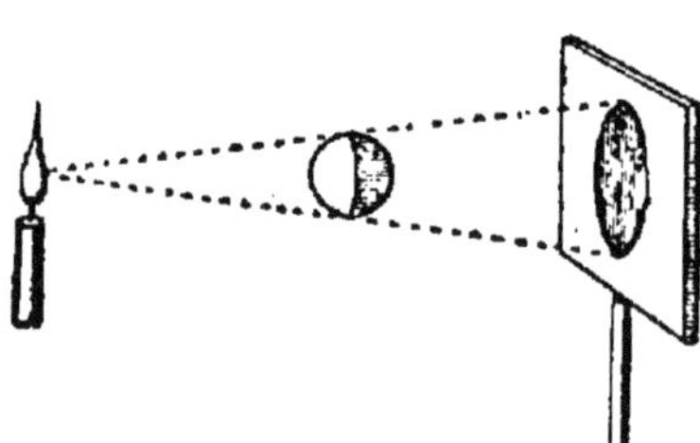

Fig. 109. — Ombre d'une balle.

Les **éclipses** de soleil et de lune sont produites par les ombres. On sait que la terre tourne autour du soleil, et la lune autour de la terre. Pendant ces mouvements, la lune peut se placer exactement entre la terre et le soleil : une ombre de la lune se forme sur la terre, qui reste dans l'obscurité; il y a éclipse de soleil. Si, au contraire, c'est la terre qui se trouve placée entre le soleil et la lune, celle-ci n'est plus éclairée; nous ne la voyons plus, il y a éclipse de lune (*fig.* 110).

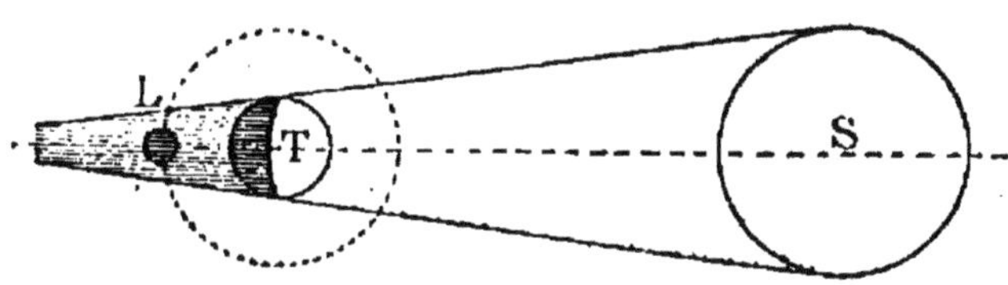

Fig. 110. — Eclipse de lune.

3. Les corps opaques arrêtent la lumière ; mais, s'ils sont bien polis, ils ne se contentent pas de l'arrêter, ils la renvoient dans une autre direction. Les écoliers savent bien cela, et souvent ils se servent d'une petite glace sur laquelle ils reçoivent la lumière du soleil et la renvoient, par taquinerie, dans la figure d'un camarade, ou la font danser au plafond de la classe.

Les **miroirs** ou **glaces** sont des instruments à l'aide desquels on utilise la réflexion de la lumière pour obtenir des images des objets. On les fabrique avec des plaques de verre épaisses et quelquefois très grandes. On étend ces plaques à plat sur une table chauffée et on coule sur la face supérieure un liquide composé de mercure et d'étain fondus ensemble ; c'est ce qu'on appelle **argenter** les glaces. En se refroidissant, le liquide devient solide, reste appliqué contre le verre et le rend opaque.

Quand un objet est placé devant un miroir, celui-ci renvoie les rayons lumineux provenant de l'objet et une image se forme; elle paraît située en arrière du miroir et à la même distance que l'objet. On peut vérifier ce fait en se tenant debout devant une grande glace; si on avance, on voit son image se rapprocher; si on recule, l'image recule également.

En se plaçant entre deux glaces, une devant, une derrière, on voit de nombreuses images à la suite les unes des autres et de plus en plus éloignées. Cela est dû à ce que les glaces se renvoient de l'une à l'autre les deux premières images qui se trouvent ainsi répétées un grand nombre de fois.

RÉSUMÉ

1. *La lumière naturelle vient du soleil. Les corps lumineux sont ceux qui fournissent de la lumière. Parmi les corps non lumineux, on distingue les corps transparents et les corps opaques.*

2. *La lumière marche dans tous les sens et en ligne droite, ce qui explique la formation des ombres par les corps opaques. Les ombres produisent les éclipses. Il y a éclipse de soleil quand la lune est entre le soleil et la terre ; il y a éclipse de lune quand la terre est entre le soleil et la lune.*

3. *Les miroirs ou glaces sont des corps opaques bien polis qui réfléchissent la lumière et donnent des images des objets. Les glaces sont des plaques de verre, épaisses et argentées sur une face.*

43e LEÇON

La vue

1. Les **yeux** nous permettent de voir les objets ; on dit qu'ils sont les organes de la vue.

Nous avons deux yeux, tout à fait semblables ; ils sont situés au bas du front, dans deux enfoncements appelés **orbites**.

Les yeux sont des organes délicats ; le moindre petit coup, un fort courant d'air même, peuvent leur faire beaucoup de mal. Mais ils sont bien protégés. En avant se trouvent les **paupières**, garnies à leur bord d'une rangée de poils nommés **cils** ; ces cils ont pour but de faire fermer les paupières dès qu'un grain de poussière les touche et veut pénétrer dans l'œil. Au-dessus de chaque orbite est **l'arcade sourcilière** ; elle est recouverte de poils, plus nombreux et plus serrés que les cils; ce sont les **sourcils**; ils sont chargés d'arrêter les gouttes de sueur découlant du front et de les empêcher d'arriver à l'œil.

2. Les yeux peuvent se mouvoir dans tous les sens, grâce à de fins muscles. Lorsqu'un de ces muscles a été blessé et reste raccourci, l'œil est tourné en dedans ou en dehors et demeure toujours dans la même position; il ne

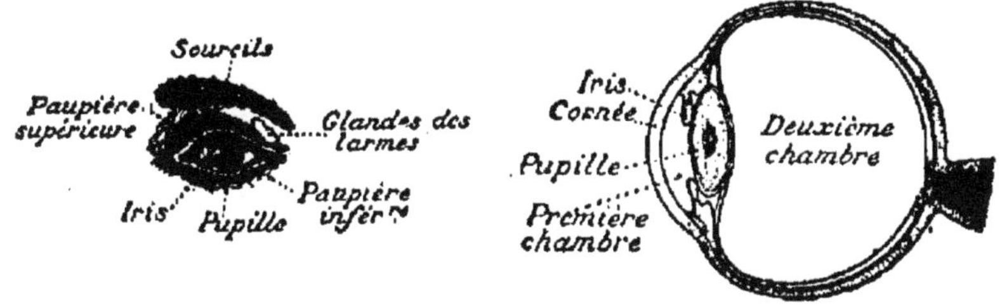

FIG. 111. — L'œil.

peut plus faire que des mouvements très petits; c'est ce qu'on appelle **loucher**.

Quand les enfants ont du chagrin, ils pleurent, et leurs **larmes** coulent le long des joues. Les larmes proviennent d'une glande située sous la paupière supérieure. Elles se produisent à tout moment en petite quantité et maintiennent humide la face intérieure des paupières; sans cette humidité, les paupières sèches frotteraient durement sur l'œil et le blesseraient. Les larmes deviennent abondantes et s'écoulent au dehors dans les moments de grande tristesse.

3. L'œil est rond et ressemble à une grosse bille. Il est creux et divisé en deux chambres par une cloison mince nommée **iris** (*fig.* 111); c'est le cercle coloré en bleu, en

8

noir, en gris ou en brun qu'on aperçoit dans l'œil d'une personne quand on la regarde en face. L'iris est percé d'un trou noir appelé **pupille**; en avant, la première chambre est fermée par un corps transparent, une espèce de vitre, la **cornée**. Les deux chambres sont remplies de liquide. Tout au fond de l'œil, un nerf qui vient du cerveau forme un grand nombre de petits rameaux très fins.

Lorsque les paupières sont ouvertes, la lumière traverse la cornée, puis la première chambre de l'œil, et tombe sur l'iris; une partie est arrêtée, l'autre partie passe par la pupille, pénètre dans la deuxième chambre et arrive au fond de l'œil où elle rencontre le nerf qui prévient le cerveau : c'est ainsi que nous voyons les objets.

4. Les yeux sont quelquefois atteints de maladies graves qui peuvent rendre aveugle. Pour les éviter, il est bon de se laver les yeux, tous les matins, avec de l'eau **boriquée**.

Certaines gens ne voient pas bien les objets et sont obligés de porter des **lunettes** ou des **lorgnons**. Les verres de ces instruments permettent à ceux qui les portent de voir comme tout le monde.

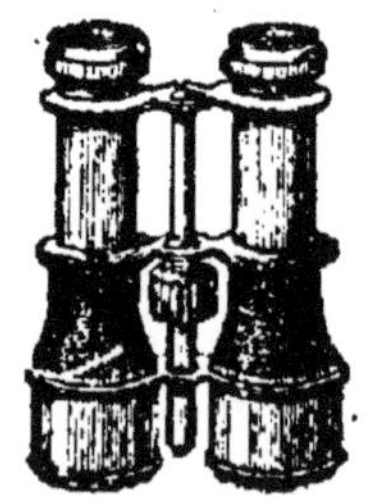

Fig. 112. — Jumelles.

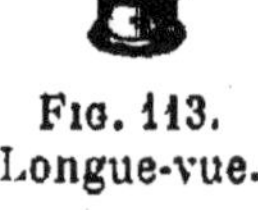

Fig. 113. Longue-vue.

5. On a aussi inventé des instruments à l'aide desquels on peut distinguer et reconnaître les objets de très loin. Ce sont les **jumelles** (*fig.* 112), employées surtout par les marins et les officiers; elles se composent de deux tubes rattachés entre eux et fermés aux deux bouts par des verres grossissants. Les **lunettes d'approche** ou **longues-vues** (*fig.* 113) ont un seul tube, mais elles sont plus fortes que les jumelles; il y en a même de très grosses, avec lesquelles on peut examiner les étoiles et le soleil, comme s'ils étaient tout près de la terre.

RÉSUMÉ

1. *Les yeux sont l'organe de la vue. Ils sont placés dans les orbites et protégés par les paupières, les cils et les sourcils.*

2. *Les yeux sont mus par des muscles. Les larmes sont produites par des glandes situées sous les paupières supérieures.*

3. *Chaque œil est une boule creuse divisée en deux chambres séparées par l'iris, lui-même percé d'un trou appelé pupille. En avant de l'œil se trouve la cornée. La lumière traverse la cornée et la pupille, et pénètre jusqu'aux fines branches du nerf qui tapisse le fond de l'œil; c'est ainsi que nous voyons les objets.*

4. *La malpropreté rend les yeux malades. Il faut donc les laver tous les matins avec de l'eau boriquée.*

Les personnes qui voient mal corrigent leur mauvaise vue en portant des lunettes ou des lorgnons.

5. *Les jumelles et longues-vues sont des instruments construits pour regarder les objets de très loin.*

41e LEÇON

Le toucher, le goût et l'odorat

1. L'organe du toucher est la **peau**. Elle entoure tout le corps et son épaisseur varie suivant les endroits; elle porte les poils et les ongles.

La peau est percée d'un grand nombre de petits trous appelés **pores**; ils servent à l'écoulement de la **sueur**; celle-ci vient du sang et il faut qu'elle soit rejetée au dehors, sinon elle empoisonnerait. La peau doit donc être toujours propre.

A une très petite distance de la surface, on trouve dans la peau un nombre considérable de petits grains; ils forment des lignes courbes que l'on voit bien au bout des doigts. Dans chacun d'eux vient se terminer un mince fil nerveux. Lorsqu'on touche un objet, il presse sur la peau et en même temps sur les petits grains; les fils nerveux sont excités, avertissent le cerveau, et celui-ci sait aussitôt que quelque chose est sous la main.

Toutes les parties de la peau peuvent servir au toucher. En certains endroits même la peau est très sensible, comme sous la plante des pieds et sous les bras; il suffit de toucher à peine ces deux endroits pour produire ce qu'on appelle ordinairement des **chatouilles**. Mais ce sont surtout les mains qui nous indiquent le mieux la forme des objets et leur degré de chaleur.

Si la peau touche un objet trop chaud, il en résulte une **brûlure**, souvent douloureuse. Quelquefois une cloque se forme, sous laquelle du liquide s'amasse; il faut la percer tout simplement, avec une aiguille flambée, sans enlever la peau, puis appliquer sur la brûlure un linge trempé dans l'eau fraîche.

2. La langue est l'organe du goût; elle est située dans la bouche, et presque entièrement formée de muscles. Sa surface, ses bords surtout, sont couverts de **papilles** en forme de grains, dans chacune desquelles on trouve un filet nerveux. Quand un aliment ou un liquide est introduit dans la bouche, une petite partie pénètre dans les papilles, excite les filets nerveux qui préviennent le cerveau et lui indiquent si le goût est bon ou mauvais.

Lorsqu'on est en bonne santé, la langue est rose; mais souvent elle se couvre d'une matière jaune blanc ou grise; dans ce cas, il est presque sûr que l'estomac est en mauvais état. C'est pourquoi le médecin demande toujours aux malades qu'il vient voir de montrer leur langue, afin de reconnaître d'abord si l'indisposition n'est pas causée par l'estomac.

La fumée du tabac et les aliments trop épicés endorment les papilles de la langue; aussi les fumeurs ne sentent pas très bien le goût des aliments ou des boissons.

3. Le nez sert à sentir les odeurs; il est l'organe de l'odorat. Il est divisé par un os en deux parties appelées **fosses nasales**, qui se réunissent en arrière et communiquent avec le fond de la bouche. A l'intérieur, les fosses nasales sont recouvertes d'une membrane mince dans laquelle viennent se terminer des filets nerveux.

Les **narines** étant toujours ouvertes, les odeurs peuvent entrer à tout instant ; elles arrivent jusqu'aux filets nerveux et il se produit la même chose que pour le goût ou le toucher : ces filets nerveux avertissent le cerveau et les odeurs sont senties.

Dans certains cas, on ne peut sentir aucune odeur : c'est quand on est enrhumé du cerveau. Cette maladie n'est pas dangereuse, mais elle pourrait le devenir. Il faut donc soigner le rhume de cerveau, en lavant l'intérieur du nez avec de l'eau boriquée.

RÉSUMÉ

1. *La peau est l'organe du toucher. Elle renferme un grand nombre de petits grains dans lesquels viennent se terminer des filets nerveux qui avertissent le cerveau quand nous touchons un objet. La peau est aussi percée de pores par lesquels s'écoule la sueur; elle doit toujours être tenue très propre.*

2. *La langue est l'organe du goût; elle est couverte de papilles avec des filets nerveux qui transmettent les saveurs au cerveau.*

3. *Le nez est l'organe de l'odorat. Il est divisé en deux fosses nasales, recouvertes par une fine membrane; celle-ci est parcourue par des nerfs qui font sentir les odeurs au cerveau.*

45e LEÇON

Le son et l'ouïe

1. Soufflons dans une flûte de deux sous : il se produit **un son**. Une clochette, un grelot font entendre aussi des sons lorsqu'on les agite.

On ne voit pas les sons, on les entend seulement. Ils sont produits par des mouvements très rapides des corps; ces mouvements, appelés **vibrations**, sont si rapides qu'on peut à peine les voir. Pour comprendre ce fait, servons-nous d'une lame d'acier flexible. Fixons solidement un des bouts sur la table à l'aide d'un poids lourd, puis écartons l'autre bout et lâchons-le brusquement. Un son se fait entendre et nous voyons la lame trembler très vite; ses mouvements diminuent peu à peu, puis elle s'arrête et en même temps le son cesse. On observe la même chose avec une corde bien tendue par les deux bouts, si on l'écarte avec le doigt, par le milieu.

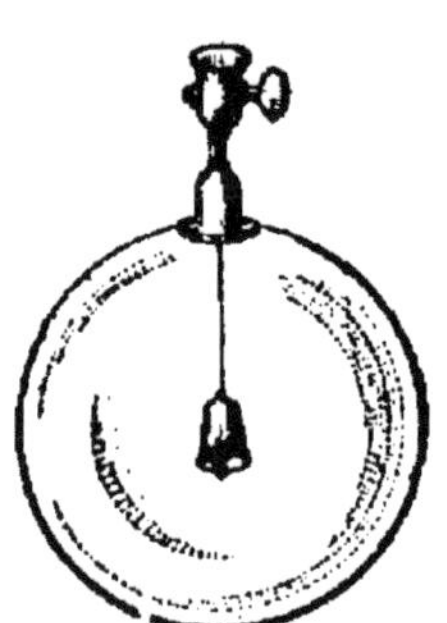

Fig. 114. — Ballon à clochette.

Un **bruit** est un son très fort qui cesse aussitôt qu'il s'est produit. On dit ainsi : le bruit du canon, le bruit du tonnerre, etc.

Le son arrive à nos oreilles en passant par l'air; si celui-ci n'existait pas, nous n'entendrions aucun son ni bruit. On le prouve à l'aide d'un petit ballon de verre (*fig.* 114) muni d'un robinet et dans lequel est suspendue une clochette. Si le robinet est ouvert, en secouant le ballon, on entend le son de la clochette; mais si, après avoir enlevé l'air du ballon avec une pompe spéciale, on le secoue de nouveau, on voit bien remuer la clochette, mais on n'entend rien, parce qu'il n'y a plus d'air.

En temps d'orage, on voit souvent l'éclair avant d'entendre le bruit du tonnerre, et pourtant tous les deux se produisent en même temps. Cela est dû à ce que la vitesse du son est plus petite que la vitesse de la lumière. Les savants ont calculé que le son parcourt 340 mètres par seconde dans l'air.

2. Lorsqu'on se trouve dans les environs d'un bois ou d'un haut mur et qu'on crie assez fort, on entend répéter ses propres paroles : c'est **l'écho**. Il se produit parce que les corps plans et larges renvoient les sons comme les miroirs renvoient la lumière; ainsi font les bois et les murs. Les sons reviennent alors à l'oreille de celui qui les a produits, et il s'entend répéter ce qu'il a dit. Dans les grandes salles de certains châteaux, l'écho se produit plusieurs fois de suite pour un même mot. Sous une voûte d'un château d'Italie, l'écho répète quarante fois le même son.

Fig. 115. Porte-voix.

3. Les sons ordinaires sont rendus plus forts au moyen de boîtes ou de tuyaux. Une corde raidie donne un son faible; mais, si elle est tendue sur une boîte, le son est rendu au moins dix fois plus fort. On construit sur ce principe les instruments de musique à cordes, le **violon**, le **violoncelle**, la **contrebasse** et le **piano**. Le renforcement du son par les tuyaux est utilisé dans les **porte-voix** (*fig.* 115), dont les marins se servent en mer pour parler à de grandes distances, et que les enfants peuvent fabriquer eux-mêmes avec un cornet de carton mince.

4. Nous entendons les sons à l'aide de nos **oreilles**. Elles sont placées de chaque côté de la tête; le trou de chaque oreille est le commencement d'un conduit qui se termine par une petite peau fine bien tendue appelée **tympan**. De l'autre côté du tympan se trouvent plusieurs creux, l'un rempli d'air, les autres d'un liquide dans lequel vient se terminer un nerf spécial.

Lorsqu'un corps produit un son, celui-ci marche dans l'air et arrive à nos oreilles; il entre dans le canal et fait vibrer le tympan, comme un coup de tonnerre fait vibrer les carreaux d'une fenêtre fermée. Les vibrations pénètrent par l'air et le liquide des creux jusqu'au nerf, qui avertit le cerveau, et nous entendons.

Il faut toujours tenir bien propre le canal des oreilles, car il s'y produit une pâte rougeâtre qui, si on ne l'enlève pas, durcit et peut boucher le canal ou faire pourrir le tympan : on deviendrait alors **sourd**.

RÉSUMÉ

1. *Le son est produit par les vibrations des corps. Un son brusque et fort s'appelle bruit. Les sons et les bruits ne peuvent arriver à nos oreilles qu'en passant par l'air. La vitesse du son dans l'air est de 340 mètres par seconde.*

2. *Les corps opaques et larges, comme les bois et les murs, réfléchissent le son et produisent l'écho.*

3. *Le son est rendu plus fort lorsqu'on lui fait traverser des boîtes ou des tuyaux, comme dans les instruments de musique à cordes et les porte-voix.*

4. *L'oreille est l'organe de l'ouïe. Ceux qui n'entendent pas sont sourds.*

TROISIÈME PARTIE

LES HABITS ET LE LINGE

46e LEÇON

La laine et le drap

1. La laine est fournie par les poils qui couvrent le corps du mouton; ces poils sont frisés, mêlés les uns aux autres, et leur ensemble forme une **toison** épaisse et chaude.

Tous les moutons ne donnent pas la même qualité de laine; il y en a de la bonne et de la médiocre. La meilleure provient des moutons **mérinos**, élevés surtout en Espagne et dans le Midi de la France.

Les moutons sont des mammifères herbivores; cela veut dire qu'ils se nourrissent d'herbe et que les femelles ou **brebis** donnent du lait. Les mâles s'appellent **béliers**; ils ont sur la tête deux cornes enroulées plusieurs fois; les petits sont les **agneaux**.

2. On élève les moutons dans les fermes. L'hiver, quand la terre est couverte de neige ou qu'il pleut trop, les moutons ne sortent pas et restent dans la **bergerie**. Mais, aussitôt que le beau temps est venu, le **berger** emmène son **troupeau** dans les champs ou dans les prés, pour lui faire paître l'herbe tendre et fraîche. Si quelques moutons gourmands ou capricieux voulaient s'éloigner du troupeau, les chiens du berger sont là pour les ramener en courant derrière eux, au besoin en les attrapant par la toison avec les dents.

L'été, les moutons ne rentrent pas à la bergerie; ils passent le jour et la nuit dans la campagne. Quand ils ont bien brouté l'herbe et ruminé à l'ombre des grands arbres, ils reviennent au parc (*fig.* 116). C'est un champ carré entouré de **claies** ou barrières en planches, dans lequel ils dorment au grand air. A côté du parc est la hutte, petite maison en planches, bien fermée et montée sur quatre roues, ce qui permet de la déplacer facilement. Le berger y couche la nuit, car il ne peut abandonner son troupeau, à cause des animaux carnassiers. Les chiens se reposent sous la hutte du travail de la journée; et si le loup féroce (*fig.* 117) vient rôder autour du parc, pour essayer d'enlever un agneau ou une brebis, ils donnent l'éveil au berger, se lancent sur le loup, se battent bravement, en attendant que leur maître arrive avec son fusil pour tuer la méchante bête.

FIG. 116. — Un parc.

FIG. 117. — Loup.

3. Vers le mois de juin, on fait la **tonte**. C'est l'opération qui a pour but d'enlever la toison des moutons. Quelques jours avant, on conduit le troupeau au bord de la rivière, et, un à un, les moutons sont lavés soigneusement : le soleil les sèche ensuite. On les ramène à la ferme, où, à l'aide de ciseaux particuliers (*fig.* 118), les tondeurs coupent la laine.

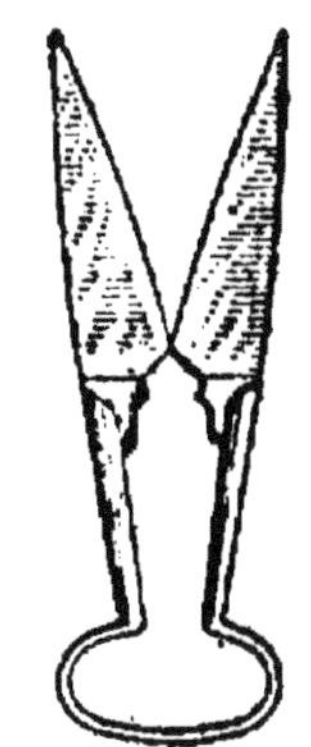

Fig. 118. — Ciseaux à tondre les moutons.

4. Les toisons sont vendues à des courtiers qui les livrent aux **filateurs**. Ceux-ci, dans leurs grandes usines, transforment la laine en **drap**. Elle est d'abord **cardée**, c'est-à-dire peignée avec soin, puis étirée en fils longs par des machines; à mesure qu'ils se forment, les fils s'enroulent sur des **bobines**. Autrefois, le filage était fait à la main par les paysannes, à l'aide de la **quenouille** et du **rouet** (*fig.* 119); il se fait bien plus rapidement aujourd'hui, et les fils sont plus réguliers.

La laine filée est réunie en **écheveaux** qu'on envoie à la **teinturerie** pour leur donner la couleur désirée. Dans de grandes cuves, on prépare des **bains** chauds de couleurs variées et on y trempe les écheveaux en les remuant pendant quelque temps. On les enlève ensuite et on les suspend dans des greniers ou des hangars pour les faire sécher.

Fig. 119. — Rouet et quenouille.

Les écheveaux colorés sont expédiés aux ateliers de **tissage**. Là, des machines les dévident, croisent les fils et en font une étoffe solide : c'est le drap, avec lequel le **tailleur** fait les habits, ou la **flanelle**, qui sert surtout à faire des chemises.

RÉSUMÉ

1. *La laine provient de la toison des moutons; la meilleure est celle du mérinos. Les moutons sont des mammifères herbivores; les femelles s'appellent brebis et les mâles béliers ; les petits sont les agneaux.*

2. *L'hiver, les moutons restent dans la bergerie. A l'été, le berger, aidé de ses chiens, les conduit dans les prés, et le soir les ramène au parc où ils passent la nuit, sous la garde des chiens qui les défendent contre le loup.*

3. *Au mois de mai, on coupe la laine des moutons; c'est la tonte.*

4. *Après la tonte, la laine est envoyée aux filatures, où elle est cardée, filée, teinte et tissée, c'est-à-dire transformée en drap ou en flanelle.*

47e LEÇON

La soie

1. Certaines parties des vêtements, surtout les robes des femmes, sont en étoffe de **soie**.

La soie est fournie par un insecte appelé **ver à soie** (*fig.* 120). Il y a quatre cents ans environ, la soie n'était pas connue en France ni en Europe; les Chinois seuls la fabriquaient; et, comme ils ne voulaient la faire connaître à personne, ils punissaient de mort tous ceux qui essayaient d'emporter des vers hors de leur pays. Mais des moines habiles réussirent à en cacher dans des cannes creuses et les rapportèrent en France.

Depuis cette époque, on élève les vers à soie dans tout le pays du Rhône.

2. Le ver à soie n'est pas un ver ordinaire comme le ver de terre. Il provient des œufs pondus par un **papillon** blanc ou gris. On l'élève dans de grandes chambres appelées **magnaneries.** Au moment où il sort de l'œuf, il est très petit, pas plus gros qu'une tête d'épingle, et il en faudrait au moins deux mille pour faire 1 gramme. On le nourrit

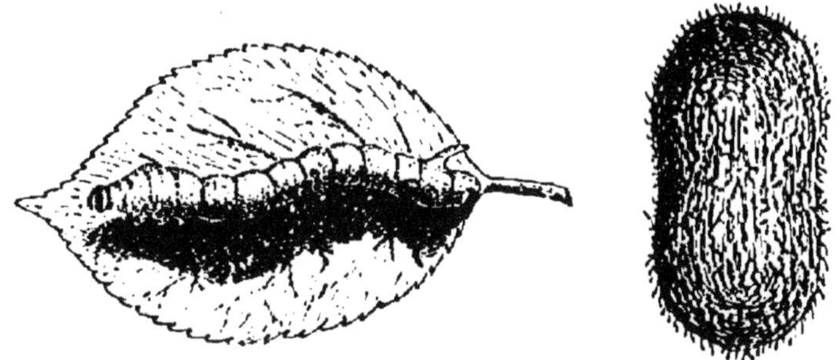

FIG. 120. — Le ver à soie et son cocon.

avec des feuilles de **mûrier.** C'est un arbre de la taille d'un saule ; il produit un fruit appelé **mûre,** ressemblant à une framboise et dont les enfants sont friands. Ses feuilles jeunes sont données chaque jour aux vers à soie, qui les dévorent et laissent seulement les nervures.

FIG. 120 *bis.* — Papillon du ver à soie.

Bien nourri, le ver à soie grossit rapidement. Au bout d'une trentaine de jours, il cesse de manger, et, si on le regarde à ce moment, on remarque qu'il dresse la tête et cherche un endroit pour se fixer ; on voit en même temps sortir de sa lèvre inférieure deux petits fils très fins. On installe alors dans la cage où il est logé des brins de bruyère ; le ver choisit un endroit convenable entre deux brins et n'en bouge plus. Les fils sortent abondamment de sa lèvre et il s'en entoure, en formant un **cocon** dans lequel il reste prisonnier. Le cocon devient de plus en plus épais et on ne voit plus rien. A partir de ce moment, le ver se transforme ; il n'est plus ver, et, si on ne touchait pas au cocon, on en verrait bientôt sortir un joli papillon (*fig.* 120 *bis*) qui s'envolerait, irait pondre ses œufs dans le voisinage, et mourrait ensuite.

3. Mais, dans les magnaneries, on ne laisse sortir que les papillons des plus beaux cocons, afin de recueillir leurs œufs pour avoir les vers nouveaux, l'année suivante. Quant aux autres cocons, on les récolte avant la sortie, et on les met dans l'eau bouillante pour tuer les papillons et les empêcher de couper les fils de soie. L'eau bouillante dissout la colle qui soude les fils; la dévideuse (*fig.* 121) remue le tout avec un petit balai ; elle réunit plusieurs fils, les tresse entre les doigts et, tout en dévidant les cocons, forme un fil plus gros qu'elle enroule au fur et à mesure sur une bobine. Elle obtient ainsi les écheveaux de soie, tout à fait semblables aux écheveaux de laine qui sortent des filatures.

Fig. 121. — Dévideuse de cocons.

4. Les écheveaux sont ensuite envoyés aux teintureries où la soie est teinte en différentes couleurs, de la même façon que la laine. Des teintureries, on expédie les écheveaux aux usines qui transforment les fils en rubans ou en étoffes brillantes et soyeuses. Ces étoffes coûtent cher; les meilleures proviennent des usines de Saint-Etienne et de Lyon.

RÉSUMÉ

1. La soie est fournie par le ver à soie, qui provient de la Chine.

2. Le ver à soie est élevé dans les magnaneries et nourri avec les feuilles du mûrier. Quand il est devenu gros, il tisse un cocon dans lequel il s'enferme et devient papillon.

3. On laisse sortir les papillons de quelques cocons ; ils pondent des œufs qui produiront les vers l'année suivante. Les autres cocons sont plongés dans l'eau bouillante, et dévidés en fils fins dont on fait des écheveaux.

4. Les écheveaux sont teints, puis tissés, c'est-à-dire transformés en étoffe ou en rubans.

48e LEÇON

La toile

1. Les mouchoirs, les chemises, les faux-cols, les caleçons sont en **toile**. La toile, ordinairement blanche, est fabriquée avec des fibres très solides qu'on trouve dans la tige de certaines plantes, ou encore avec les poils longs et soyeux qui entourent les graines d'autres végétaux.

Les plantes qui servent à la fabrication de la toile sont appelées **plantes textiles**. Les plus importantes sont le **lin**, le **chanvre** et le **coton**.

Le lin a une tige mince, avec des feuilles étroites et allongées. Il pousse facilement à l'état sauvage. Ses fleurs sont jaunes, blanches ou bleues. Le lin bleu est seul cultivé, surtout dans les départements du Nord. On en fait la récolte au mois de juin.

Le chanvre est de la même famille que l'ortie piquante, mais sa tige est plus haute et ses feuilles sont divisées en parties disposées comme les doigts de la main. On le cultive principalement dans l'Ouest de la France.

2. Les fibres du lin et du chanvre se trouvent dans la tige et sont collées les unes contre les autres par une gomme dure. Pour les séparer, il faut d'abord **rouir** les tiges. Pour cela, on en fait des gerbes et on les fait tremper dans l'eau d'une rivière (*fig.* 122) en les maintenant au fond par des piquets ou des pierres. On les laisse ainsi pendant plusieurs jours; des ouvriers viennent de temps en temps les remuer, afin que l'eau puisse entraîner la gomme.

Fig. 122. — Rouissage du chanvre.

Quand les tiges sont bien rouies, on les retire de l'eau et on les étend sur la terre pour les faire sécher. Elles sont ensuite broyées pour séparer les fibres du reste des tigés; cette opération se faisait autrefois à l'aide d'instruments très simples (*fig.* 123); aujourd'hui elle est faite par les machines, plus vite et mieux. Les tiges broyées sont peignées et donnent la **filasse**, composée de fils grossiers et irréguliers.

3. Le coton provient des poils qui entourent les graines du cotonnier; c'est un arbre qui pousse surtout dans les pays chauds; on pourrait, cependant, avec des soins, le cultiver dans le Midi de la France. Quand le fruit du cotonnier est mûr, on le récolte et on sépare les **bourres**, pour les serrer en gros paquets ou **balles**, et les expédier en Europe.

4. La filasse du chanvre et du lin et la bourre du coton

Fig. 123. — Broyage du chanvre.

sont d'abord filées, c'est-à-dire transformées en fils minces et réguliers, puis tissées. Il y a une trentaine d'années, le tissage était fait à la main par les **tisserands** (*fig.* 124). Ils tendaient, entre deux rouleaux de bois et dans le même sens, des fils de lin, de chanvre ou de coton, de façon à ce qu'ils soient très serrés; puis, à l'aide d'une **navette** renfermant une bobine de fil, ils croisaient d'autres fils passant successivement par-dessus et par-dessous les premiers. La toile s'enroulait sur un des rouleaux, à

Fig. 124. — Tisserand à son métier.

mesure qu'elle était faite. Le travail du tisserand était long et fatigant; il est abandonné aujourd'hui et remplacé par le tissage mécanique, plus rapide, et qui fournit des toiles à meilleur marché. Les plus renommées de ces toiles sont celles de Lille, de Rouen et de Roanne. Les **cotonnades** sont des toiles fabriquées avec le coton; la batiste est une fine toile de lin.

5. En sortant des usines, les toiles ont une couleur jaunâtre. Il faut les blanchir. Il y a quelques années, on les étendait sur les prés après les avoir mouillées, mais cela demandait beaucoup de temps. Aujourd'hui, on les fait d'abord bouillir dans l'eau, puis on les trempe dans des cuves contenant un mélange d'eau et de chlorure de chaux, après quoi on les rince à l'eau pure.

RÉSUMÉ

1. *Le lin, le chanvre et le coton sont appelés plantes textiles, parce qu'ils servent à la fabrication des toiles.*

2. *Après avoir été rouies, les tiges du lin et du chanvre sont broyées et peignées pour en séparer la filasse.*

3. *Le coton est une plante des pays chauds; ses fruits mûrs fournissent un duvet long appelé bourre.*

4. *La filasse et les bourres sont filées et tissées dans les filatures; on obtient ainsi les toiles ordinaires, les cotonnades et la batiste ou toile fine.*

5. *Avant d'être vendues, toutes les toiles sont blanchies et lavées.*

49e LEÇON

La lessive et le blanchissage

1. Le linge est blanc et propre quand on s'en sert pour la première fois; mais il se salit très vite. Les nappes et les serviettes sont exposées aux taches de vin et de graisse;

les chemises, les cols, les caleçons sont salis par la sueur au bout de quelques jours; il en est de même des mouchoirs.

Il est donc nécessaire de nettoyer le linge, afin qu'on puisse s'en servir de nouveau. Mais un simple lavage à l'eau ne suffit pas, car l'eau seule n'enlève pas les taches de graisse. Il faut une **lessive**.

2. Pour faire la lessive, les ménagères lavent d'abord le linge à l'eau pour enlever une partie des matières qui le salissent. Ce premier lavage s'appelle **décrassage**.

Fig. 125. — Lavoir public.

Le linge est ensuite empilé dans un **ouvier** en bois dont le fond est percé d'un trou. Par-dessus le linge, on étend une toile appelée **cendrier** parce qu'on la recouvre de cendres de bois.

Sur les cendres, on verse de l'eau tiède d'abord, puis de l'eau bouillante; celle-ci prend aux cendres une matière qui nettoie très bien le linge; elle traverse tout le cuvier et s'écoule par le trou du fond; on la recueille dans un seau, et on la fait encore chauffer, pour la verser de nouveau sur les cendres, et ainsi de suite pendant une journée. C'est ce qu'on appelle **couler** la lessive.

Aussitôt le coulage terminé, la ménagère retire le linge du cuvier et va le laver au **lavoir** (*fig.* 125) en se servant de **savon.**

On se sert quelquefois de lessiveuses en zinc, dans lesquelles on fait bouillir le linge avec de l'eau et des **cristaux**. La lessive est plus rapide avec ces instruments, mais le linge est vite usé.

3. Le savon, que les ménagères emploient pour les lessives et dont nous faisons usage tous les jours pour nous laver les mains et le visage, est fabriqué avec de l'huile ou du **suif**; celui-ci est la graisse des animaux. Dans une grande chaudière chauffée par la vapeur, on introduit l'huile ou le suif et une substance appelée **soude** ou **potasse**; on fait bouillir. Au bout d'un certain temps, il se forme une pâte. On y ajoute de l'eau salée; la pâte devient plus épaisse et monte à la surface du liquide ; on la recueille pour la couler dans des moules où elle durcit tout à fait et donne les pains de savon.

4. Après la lessive, le linge est étendu sur des cordes dans le grenier ou en plein air, afin qu'il sèche. Quand il est bien sec, on l'étire et on le plie pour le ranger dans les armoires. Pourtant, les chemises et les cols, simplement pliés, seraient trop mous; on les **repasse** pour leur donner de la raideur.

Le repassage du linge est fait par la **blanchisseuse.** Elle le trempe d'abord dans de l'eau à laquelle elle a ajouté du **bleu,** dans le but de rendre le linge plus blanc, puis dans de l'eau d'**amidon.** Elle étend ensuite le linge sur une table et fait glisser sur toute sa surface un fer à repasser convenablement chauffé.

L'amidon donne au linge de la raideur. C'est un corps

blanc qu'on retire de la farine. On le vend en boîtes, et il a la forme de petits bâtons irréguliers qui s'écrasent facilement si on les presse entre les doigts. En faisant bouillir de l'amidon dans l'eau, on obtient une colle très solide quand elle est sèche.

RÉSUMÉ

1. *Le linge a besoin d'être lessivé afin de pouvoir servir de nouveau.*

2. *Pour faire la lessive, on décrasse d'abord le linge, puis on coule la lessive en se servant d'eau chaude et de cendres, enfin on lave à grande eau en employant du savon.*

3. *Le savon est fabriqué avec de l'huile ou du suif, qu'on fait bouillir avec de la potasse ou de la soude ; il se forme une pâte, c'est le savon. On le recueille, on le laisse refroidir et, quand il est durci, on le coupe en morceaux.*

4. *Le linge lessivé et séché est repassé par la blanchisseuse. Pour les cols, les poignets et les chemises, elle emploie de l'amidon C'est un corps blanc qu'on retire de la farine.*

QUATRIÈME PARTIE

L'HABITATION

50e LEÇON

La maison

1. Les ouvriers qui travaillent à la construction d'une maison sont nombreux.

Un **architecte** a d'abord tracé le **plan** de la maison. Il est venu voir le terrain, afin de se rendre compte de ce que doit être la construction. Le propriétaire lui a dit le nombre de pièces qu'il désire. Puis, enfermé dans son cabinet, il a dessiné avec soin les plans du rez-de-chaussée, de chaque étage, de la façade, en indiquant à l'encre rouge la longueur et l'épaisseur des murs et les dimensions des chambres.

Aussitôt que l'architecte a eu terminé son travail, il a remis les feuilles du plan à l'**entrepreneur**, chargé de faire exécuter les travaux. Celui-ci a fait venir les **terrassiers** ; avec des pics et des pioches, ils ont creusé la terre à une profondeur de 2 ou 3 mètres pour établir les **fondations** qui soutiendront la maison.

Les **maçons** succèdent aux terrassiers. Les uns fabriquent le **mortier** avec de la chaux, du sable et de l'eau; les autres empilent les grosses pierres ou les briques en les réunissant avec du mortier qu'ils placent à l'aide d'une **truelle**.

De temps en temps, ils prennent leur **fil à plomb**, pour vérifier si les murs sont bien droits. Les murs s'élèvent rapidement. Quand ils sont déjà hauts, les maçons établissent un **échafaudage** sur lequel ils montent pour continuer leur travail. Les **manœuvres** leur apportent les pierres, les briques et le mortier dont ils ont besoin.

A côté des maçons travaillent les **tailleurs de pierre** ; ils façonnent et polissent les blocs avec lesquels on fait les coins des murs, des portes et des fenêtres.

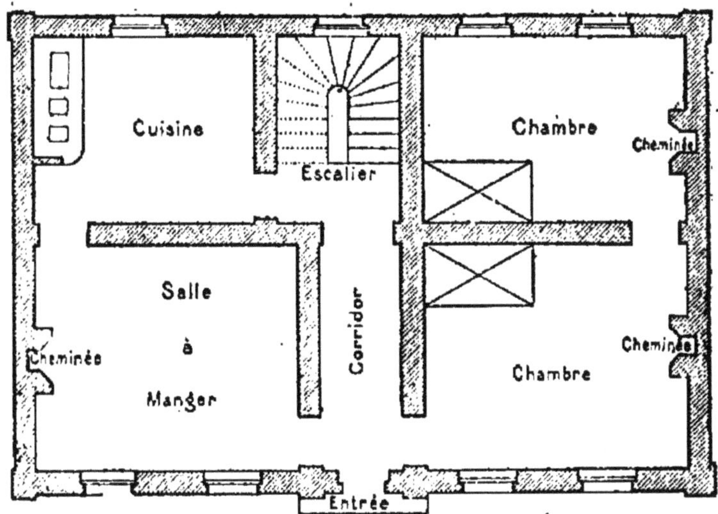

Fig. 126. — Plan d'une maison.

Lorsque les murs sont construits, viennent les **charpentiers** ; ils montent la charpente du toit. En Algérie, la plupart des maisons n'ont pas de toit ; elles sont surmontées d'une terrasse. Autrefois, les charpentes étaient en bois ; on les fait presque toutes en fer aujourd'hui. Les **couvreurs** clouent sur le toit des ardoises ou des tuiles, pour empêcher l'eau des pluies de pénétrer dans la maison, et les **zingueurs** soudent aux murs les descentes d'eau, depuis le toit jusqu'au sol. Les **menuisiers** placent les portes et les fenêtres; les **serruriers** posent les serrures et les balcons. Les **plâtriers** font les plafonds, et les **tapissiers** recouvrent les murs des chambres avec du papier peint. Enfin les **vitriers** posent les carreaux des fenêtres. Les derniers venus sont les **peintres**, qui couvrent d'une ou deux couches de peinture les portes, les fenêtres et les balcons.

FIG. 127. Chaumière.

2. Toutes les maisons ne se ressemblent pas. Les unes, bâties dans les campagnes, sont petites et couvertes en paille : ce sont les **chaumières** (*fig.* 127) ; elles comprennent un rez-de-chaussée seulement et un grenier au-dessus. Les maisons d'agrément bâties dans le voisinage des villes et entourées d'un petit jardin s'appellent **villas**. Un **chalet** est une maison tout en bois, située le plus souvent dans les collines ou les montagnes, au milieu des arbres. Un **château** (*fig.* 128) est une vaste construction, bâtie au milieu d'un domaine ; il comprend de nombreux appartements, avec des remises pour les voitures, des écuries pour les chevaux, etc. Un grand parc planté d'arbr entoure presque tous les châteaux.

3. Il faut qu'une maison soit saine pou qu'on puisse l'habiter sans danger. Elle doit être bâtie dans un endroit sec et non humide, et bien exposée à l'air. Autant que possible, la façade devra être tournée vers le midi, afin de recevoir le soleil.

FIG. 128. — Château.

Dans les villes, les maisons situées au fond des rues étroites et des impasses sont malsaines; il ne faut pas y choisir un appartement, quand même il serait bon marché.

A la campagne, dans les fermes, on doit se garder de laisser les tas de fumier au milieu de la cour, comme font encore beaucoup de paysans; c'est malsain; le fumier doit être éloigné de la maison d'habitation.

RÉSUMÉ

1. *De nombreux ouvriers travaillent à la construction d'une maison. L'architecte en fait les plans. L'entrepreneur dirige les travaux; les terrassiers creusent les fondations; les maçons construisent les murs, aidés par les manœuvres et les tailleurs de pierre; puis viennent les charpentiers, les couvreurs, les menuisiers, les serruriers, les plâtriers, les tapissiers, les vitriers et enfin les peintres.*

2. *Il y a différentes sortes de maisons : les chaumières, les maisons ordinaires, les villas, les chalets et les châteaux.*

3. *Une maison doit être saine, c'est-à-dire exposée au soleil, bien aérée et non humide. Les maisons des rues étroites sont malsaines.*

51e LEÇON

Les matériaux de construction

1. Les matériaux employés dans la construction d'une maison sont des pierres, des briques, du plâtre, du ciment, etc., sans compter les métaux, comme le fer, le cuivre, le zinc, et enfin le bois, utilisé sous forme de poutres, de chevrons ou de planches.

Les pierres se trouvent dans le sein de la terre ; elles en forment la croûte solide, et on les appelle **roches**. Au-dessous des roches, tout est en feu; l'existence de ce feu intérieur est prouvée par les volcans et aussi par la chaleur très grande qu'on sent quand on descend dans les puits des mines. Les savants ont calculé que, si on descendait seulement à une profondeur de 3.000 mètres, on éprouverait la même chose que si on se plongeait dans l'eau bouillante.

2. Les pierres ne sont pas toutes les mêmes ; les unes sont très dures, les autres très tendres, au contraire : on pourrait les casser avec la main. Le **granit** est la plus dure de toutes les pierres, mais on ne la trouve pas partout; elle existe dans les pays de montagnes, la Bretagne, le Plateau Central, les Vosges et les Alpes. On en fait des constructions solides. Le **marbre**, le **grès**, la **pierre de taille** sont moins durs que le granit. Le premier est rare et coûte cher; on en fait des colonnes, des dessus de cheminées et de tables, des statues, etc. ; les deux autres sont plus communs et fort employés; les pavés des rues, dans les villes, sont souvent en grès.

Parmi les roches tendres, il faut citer la **craie**, fréquente autour de Paris et en Champagne. On ne peut guère l'utiliser pour la construction des maisons, car la pluie et la gelée la réduisent en poussière.

Les pierres diffèrent encore par la couleur ; les unes sont blanches, comme la craie et la pierre de taille ; le granit est gris ou rose ; le marbre est blanc ou rouge ; le grès est rouge ou gris ; d'autres pierres sont vertes, bleues ou noires. Il y en a même qui sont de plusieurs couleurs et, quand on les a polies, elles servent à faire de très beaux ornements.

Fig. 129. — Une carrière.

3. On extrait les pierres du sein de la terre en creusant des carrières (*fig.* 129). Ce sont de grands trous, à ciel ouvert, d'où on retire d'énormes blocs irréguliers qu'on taille ensuite selon les besoins. Les carriers se servent du pic, de la pioche et de la pince. Dans certaines carrières, la pierre est si dure que la pioche ne peut l'entamer. On perce alors au milieu de la roche un trou étroit, mais profond ; on le remplit de poudre à laquelle on met le feu à l'aide d'une longue mèche; la poudre fait tout sauter et arrache des blocs plus ou moins gros que les ouvriers ramassent et chargent sur de forts chariots.

4. Toutes les pierres extraites des carrières ne servent pas à la construction des maisons; on en utilise également pour **empierrer** les routes. Pour cela, on les casse en petits morceaux, que les **cantonniers** répandent **régulièrement** sur la route; on les recouvre ensuite de terre et, après avoir arrosé, on fait passer par-dessus un énorme rouleau à vapeur qui les tasse fortement.

5. Les **briques** sont des pierres artificielles, c'est-à-dire fabriquées par les hommes, dans les briqueteries. Les ouvriers font une pâte assez résistante avec du sable et de l'eau; ils moulent ensuite cette pâte dans de petites boîtes en bois, et étalent au soleil les morceaux moulés, sur un terrain bien plat. Quand ils sont secs, ce qui a lieu au bout de une ou deux semaines, on les empile dans un four et on les fait cuire; ils conservent leur forme régulière et deviennent rouges. Les maisons construites en briques sont très solides et d'un aspect agréable.

RÉSUMÉ

1. *Les pierres sont des matériaux employés dans la construction des maisons. Les pierres sont des roches.*

2. *Il y a des roches dures et des roches tendres. Le granit est très dur; le marbre, le grès sont moins durs. La craie est une roche tendre. La couleur des roches est très variable.*

3. *On extrait les roches des carrières. Les ouvriers chargés de ce travail se servent de pics, de pioches, de pinces, quelquefois de barres à mine et de poudre, pour détacher les pierres dures.*

4. *Certaines roches, cassées en petits morceaux, servent à empierrer les routes.*

5. *Les briques sont des pierres artificielles, fabriquées avec du sable et de l'eau, puis cuites au four.*

52e LEÇON

Les volcans et les tremblements de terre

1. La masse énorme des matières en feu qui se trouve au centre de la terre est la cause des **volcans** (*fig.* 130). On appelle ainsi des montagnes percées d'un canal ou **cheminée** ; ce canal se termine au sommet par une espèce d'entonnoir nommé **cratère**.

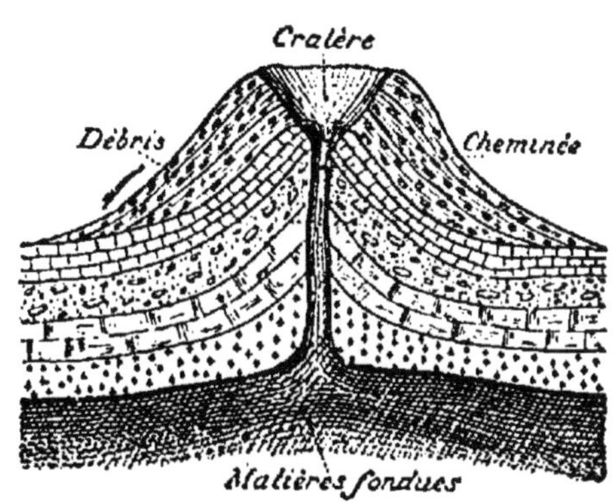

Fig. 130. — Volcan.

Un volcan n'est pas toujours en activité; il a des moments de repos, pendant lesquels il ne s'échappe de la montagne qu'un peu de fumée. Puis, un beau jour, au moment où on s'y attend le moins, on entend des grondements souterrains pareils au bruit du tonnerre; la fumée devient plus épaisse et forme un nuage noirâtre, traversé par des éclairs. Une explosion formidable se produit. Des blocs de roches sont lancés en l'air et retombent avec bruit; en même temps, le cratère se remplit de matières fondues et brûlantes qui débordent et s'écoulent en ruisseaux de feu le long des flancs de la montagne, brûlant les arbres, rasant tout. C'est ce qu'on appelle l'**éruption.**

Les matières fondues rejetées par le volcan forment la **lave.** Quand elle est refroidie, c'est une roche dure, luisante, ressemblant à un verre noir ; aussi, on l'appelle quelquefois **verre des volcans.**

2. Il arrive souvent qu'un volcan, au moment de son éruption, rejette avec la lave des masses énormes de gaz capables d'empoisonner immédiatement les personnes qui les respirent. Cela est arrivé en 1902, à la Martinique ; le volcan Pelée eut une terrible éruption ; la ville voisine de Saint-Pierre fut détruite et ses trente mille habitants

FIG. 131. — Geysers.

périrent, écrasés ou asphyxiés. Parfois, le volcan rejette une quantité de cendres et de roches assez considérable pour couvrir complètement une ville, comme cela s'est produit il y a deux mille ans environ pour le Vésuve, en Italie : deux villes, **Herculanum** et **Pompéi**, furent ensevelies sous les cendres avec leurs habitants. On ne les retrouva que bien longtemps après, en creusant le sol pour faire les fondations de maisons.

3. Aujourd'hui, il y a à peu près trois cents volcans sur toute la terre. Presque tous sont situés sur le bord des mers. En Europe, on compte le Vésuve en Italie, l'Etna en Sicile et l'Hécla en Islande.

Beaucoup de volcans sont éteints ; on en trouve en Auvergne, où on leur donne le nom de **puys**. Ils n'ont jamais eu d'éruption depuis que la France est habitée ;

Fig. 132. — Effets d'un tremblement de terre.

mais rien ne prouve qu'ils ne reprendront pas un jour leur activité.

Dans certains pays, en Islande et en Amérique, quelques volcans rejettent de l'eau chaude, au lieu de lave et de cendres. On les appelle des **geysers** (*fig.* 131). Au moment de leur éruption, on voit s'élever dans l'air une colonne d'eau bouillante ; au bout de quelques minutes, tout cesse et on peut s'approcher du cratère sans danger.

4. Les tremblements de terre sont également produits par le feu souterrain. Par suite de la grande chaleur, des gaz s'amassent en quelques points sous la croûte de roches et, en cherchant à s'échapper, ils secouent la terre. Le plus souvent, le tremblement de terre est faible; les meubles sont secoués, la vaisselle se choque dans les buffets, et, au bout de quelques secondes, tout est fini. Mais parfois aussi les secousses sont terribles : les maisons sont renversées ou sautent en l'air; de larges fentes (*fig.* 132) se produisent dans le sol et engloutissent les habitants. On cite, comme exemples, le tremblement de terre de Lisbonne, qui fit périr soixante mille personnes; celui des Calabres, en Italie, au mois de septembre 1905; enfin celui qui détruisit, en 1906, une partie de la ville de San-Francisco, en Amérique, et causa la mort de 600 personnes.

RÉSUMÉ

1. *Les volcans sont des montagnes percées qui rejettent par leur cratère, au moment de l'éruption, des roches fondues formant la lave.*

2. *Les volcans rejettent aussi des gaz qui sont des poisons, et des cendres en si grande quantité que des villes peuvent être ensevelies.*

3. *En Auvergne, les volcans éteints s'appellent puys. Les geysers sont des volcans qui rejettent de l'eau chaude au lieu de lave.*

4. *Les tremblements de terre sont produits par le feu souterrain. Souvent ils sont légers; mais quelquefois ils causent des catastrophes épouvantables.*

53e LEÇON

La chaux et le plâtre

1. Les maçons emploient la **chaux** pour fabriquer leur mortier. C'est une substance blanche, souvent en poudre, qu'on obtient avec des pierres trop tendres pour pouvoir servir à la construction des maisons.

Parmi ces pierres est la **craie**. Elle est très répandue en France, en Champagne et autour de Paris ; elle est blanche, parfois grise, et on y trouve souvent des restes d'animaux qui vivaient à une époque très ancienne. La craie n'est pas seulement utilisée pour la fabrication de la chaux ; on en fait la **craie des écoles**, avec laquelle on écrit sur les tableaux noirs ; elle sert aussi à préparer des **poudres dentifrices** dont on fait usage pour nettoyer les dents, tous les matins, et les conserver en bon état.

2. Il est facile de reconnaître si une pierre peut servir à fabriquer de la chaux. Il suffit d'en placer un petit morceau dans un verre et de verser dessus du vinaigre fort ; s'il se produit un bouillonnement, la pierre peut servir ; s'il ne se produit rien, la pierre ne peut pas donner de chaux. Toutes les pierres qui, comme la craie, bouillonnent avec du vinaigre fort, sont appelées **calcaires**.

3. Pour fabriquer la chaux, on empile les pierres calcaires dans un four en maçonnerie (*fig.* 133) avec de la houille ou du coke. On allume par-dessous un feu de bois ; en brûlant, la houille ou le coke fournissent une grande chaleur qui transforme les pierres en chaux. Il est imprudent de rester **longtemps** auprès d'un four à chaux en marche ; il s'en dégage du gaz carbonique et on pourrait tomber asphyxié.

FIG. 133. — Four à chaux.

Quand le four est éteint, les pierres sont bien cuites ; on les enlève. Elles forment la **chaux vive**, qu'on réduit en poudre avec un moulin spécial.

La chaux vive, versée dans l'eau, fait entendre un petit sifflement et devient très chaude; si, à ce moment, on y trempait le doigt, on serait brûlé aussi fortement qu'avec un fer rouge. Les enfants doivent donc éviter d'approcher des baquets où les maçons mettent leur chaux.

La chaux ne sert pas seulement à faire le mortier. On l'emploie aussi pour saupoudrer la vigne et détruire les germes de maladies qui la feraient périr. Délayée dans l'eau, la chaux donne le lait de chaux, avec lequel on blanchit les murs des maisons et des appartements. Enfin elle sert à chauler le blé avant les semailles.

4. Le **plâtre** est fabriqué avec une pierre appelée **gypse**. On trouve celui-ci en beaucoup d'endroits; le plus souvent il ressemble à la craie comme couleur et comme aspect, mais il ne bouillonne pas avec le vinaigre. Parfois, il est transparent comme du verre et a la forme d'un fer de lance (*fig.* 134).

Fig. 134. — Gypse fer de lance.

Pour fabriquer le plâtre, on fait cuire les pierres de gypse dans un four, comme pour la chaux. Une fois cuites, les pierres sont retirées, broyées et réduites en une poudre fine qu'on enferme dans des sacs.

Le plâtre, pétri avec de l'eau, donne une pâte qui durcit très vite; aussi, il faut l'utiliser tout de suite, sans attendre, sinon il serait perdu. On l'emploie pour faire les plafonds et pour sceller les crochets, les anneaux et les balcons dans les murs. En coulant une pâte de plâtre dans des moules, on obtient des ornements de toutes sortes, des modèles pour le dessin, et même des statuettes assez jolies.

RÉSUMÉ

1. *La craie est une pierre blanche ou grise. Elle sert à la fabrication de la chaux et à la préparation de la craie d'école. On en fait des poudres dentifrices.*

2. *On appelle calcaires toutes les pierres qui bouillonnent avec le vinaigre fort.*

3. *Pour fabriquer la chaux, on fait cuire les pierres calcaires dans un four. La chaux obtenue sert à confectionner le mortier. On l'emploie aussi, délayée dans l'eau, pour blanchir les murs des maisons et pour chauler les semences.*

4. *Le plâtre est fabriqué avec le gypse, qu'on fait cuire dans un four. On l'emploie pour faire les plafonds et pour sceller les objets.*

54e LEÇON

Ardoises, tuiles et poteries

1. En certaines régions de la France, les toits des maisons sont couverts en **ardoises**. Ce sont des plaques minces de 12 à 15 centimètres de large et de 20 centimètres de long environ, que les couvreurs clouent sur les planches minces ou **voliges** fixées aux chevrons (*fig.* 135); elles se recouvrent en partie comme les écailles d'un poisson; de cette façon, l'eau des pluies glisse sur la toiture sans pouvoir traverser.

FIG. 135. — Couvreurs sur un toit.

Ces plaques minces sont tirées d'une pierre qu'on trouve dans le sein de la terre, en quelques pays seulement. En France, l'ardoise se rencontre dans les Ardennes, aux environs d'Angers et dans les Pyrénées. C'est une roche de couleur grise ou rougeâtre; on l'extrait, sous forme de gros blocs, de carrières nommées **ardoisières**. Des ouvriers, armés de ciseaux et de marteaux, débitent les blocs en plaques aussi minces qu'ils veulent (*fig.* 136).

Fig. 136. — Ardoisiers.

L'ardoise ne sert pas seulement à couvrir les toits. On en fait aussi les ardoises d'écoliers, fixées dans un cadre de bois, et des crayons. De grandes plaques assez épaisses sont employées en guise de tableaux noirs. Enfin, on fabrique avec l'ardoise des dessus de tables et de cheminées, des coupes ornementales, etc.

2. Les tuiles ne se trouvent pas toutes faites dans la terre. Elles sont fabriquées avec une terre nommée **argile** ou **terre glaise**. Les ouvriers des tuileries pétrissent une pâte avec cette argile et de l'eau; puis ils la pressent dans des moules et la laissent durcir; après quelques jours, les tuiles séchées sont extraites des moules et mises à cuire dans un four. La cuisson les rend dures et rouges. Les tuiles sont plus répandues que les ardoises pour la couverture des maisons, parce qu'il y a des tuileries un peu partout; l'ardoise, au contraire, est assez rare.

3. On désigne par le mot **poteries** les assiettes, les tasses, les bols, les soupières, etc. Tous ces ustensiles de ménage sont fabriqués avec de la terre glaise, comme les tuiles; mais on emploie une argile plus fine et plus pure.

Le **potier** commence par faire une pâte en pétrissant ensemble de l'argile avec de l'eau. Il moule cette pâte à la main, sur un **tour** ou table mobile qu'il manœuvre avec le pied (*fig.* 137), et confectionne ainsi des assiettes et des vases de toutes sortes. Quand ils ont la forme désirée, on les met à sécher, puis on les recouvre d'un vernis, à l'aide d'un pinceau. On les place ensuite dans un four particulier où ils cuisent lentement; la pâte devient très dure et le vernis forme autour des objets une couche ayant partout la même épaisseur et que l'eau ne peut traverser. Les poteries ainsi fabriquées s'appellent **faïences**. Les marmites en terre, dans lesquelles on fait cuire le pot-au-feu, ne sont pas vernies.

FIG. 137. — Potier.

4. Les vases en **porcelaine** sont beaucoup plus fins et plus délicats, mais ils coûtent plus cher. On les obtient de la même façon que les poteries ordinaires, mais avec une argile tout à fait pure, nommée **kaolin**, à laquelle on ajoute un peu de craie et de cendre d'os. De plus, le vernis dont on les recouvre contient du plomb.

Souvent même, on décore les vases de porcelaine avant de les faire cuire; on y peint, avec un pinceau, des fleurs, des animaux ou des paysages; la cuisson fixe ces dessins, de façon que rien ne peut les enlever. La grande usine de Sèvres, près de Paris, fabrique des vases magnifiques en porcelaine; quelques-uns sont vendus jusqu'à deux ou trois mille francs.

RÉSUMÉ

1. *Les ardoises sont des pierres grises extraites de carrières nommées ardoisières. Débitées en plaques minces, elles servent à couvrir les maisons. On en fait aussi des ardoises d'écolier et des tableaux pour les classes.*

2. *Les tuiles sont fabriquées avec de l'argile vétrie; on moule la pâte et on fait cuire les tuiles au four. Elles servent, comme les ardoises, à la couverture des maisons.*

3. *Les poteries, assiettes, tasses, bols, soupières, sont faites par le potier avec une pâte d'argile moulée et cuite au four.*

4. *La porcelaine est une poterie fine, fabriquée avec du kaolin, argile tout à fait pure. Les vases en porcelaine sont souvent décorés avant d'être cuits.*

55e LEÇON

Le papier et l'imprimerie

1. Lorsque nous avons quelque chose à écrire, une lettre par exemple, nous prenons une plume ou un crayon et une feuille de **papier**. Le papier est très bon marché; on en a un cahier pour deux sous. Autrefois, au contraire, il coûtait très cher, et il y a deux mille ans on ne le connaissait même pas.

Les anciens peuples se servaient de **papyrus** en guise de papier. C'est une plante qui ressemble à un roseau; on la trouve en Egypte et elle a deux écorces; celle de dessous est blanche et se partage facilement en feuilles très fines, luisantes, sur lesquelles on peut écrire. Mais le papyrus a un défaut, celui de se casser quand il est sec.

Plus tard, on remplaça le papyrus par le **parchemin**. Il est fabriqué avec des peaux d'animaux jeunes, rendues minces par le polissage, après avoir été tannées. Il y a seulement quelques années, les notaires employaient encore le parchemin pour les écrits destinés à être conservés longtemps.

2. Actuellement, le papier est seul utilisé pour l'écriture. On le fabrique avec les vieux chiffons, dans des usines appelées **papeteries**. Les chiffons sont d'abord lavés, puis séchés. On les introduit ensuite dans une grande cuve contenant de l'eau où un maillet mû par la vapeur les

Fig. 138. — Fabrication du papier.

écrase et les réduit en bouillie. Celle-ci tombe de la cuve sur des tamis fins, un peu inclinés et secoués sans cesse; la bouillie s'égoutte, c'est-à-dire perd une grande partie de son eau, et se transforme en une pâte qui passe entre plusieurs séries de rouleaux très rapprochés et chauffés à l'intérieur par la vapeur. Les rouleaux réduisent la pâte en feuilles minces et les sèchent en même temps. Les ouvriers n'ont qu'à recueillir les feuilles de papier blanc au sortir des derniers rouleaux (*fig.* 138). La transformation des chiffons en papier ne demande pas plus d'une heure.

Si on ajoute à la pâte une couleur quelconque dissoute dans l'eau, on obtient un papier coloré en rose, en vert, en bleu, etc.

Le papier d'emballage est grossier; on le fabrique avec les chiffons les plus mauvais, des débris de paille et même du bois pilé.

Les papiers peints, dont on recouvre les murs des appartements, sont d'abord de la même couleur partout; on y applique dans la suite, après l'avoir trempée dans la couleur, une plaque de bois sur laquelle les dessins sont tracés en relief; en se servant, tour à tour, de plusieurs plaques trempées dans des couleurs différentes, on obtient de très beaux papiers.

3. Les livres ne coûtent pas cher aujourd'hui, et les écoliers les plus pauvres peuvent en acheter.

C'est que partout il y a des **imprimeries** dans lesquelles le travail se fait très vite. Il n'en était pas de même quelques années après que Gutenberg eut inventé l'imprimerie; les livres coûtaient très cher; une reine de France donna, dit-on, 60 moutons pour en payer un.

Les livres sont préparés par les imprimeurs. Ils se servent de **caractères** ou lettres en métal, qu'ils placent les uns à la suite des autres dans les rainures d'un **composteur**, de manière à former des mots et des phrases. Toutes les lignes sont ensuite rangées par ordre dans une **forme** et un rouleau enduit d'encre grasse passe sur les lettres. On étend alors une feuille de papier humide sur la forme et, sous l'effort d'une **presse**, les lettres s'impriment sur le papier. Toutes les feuilles sont cousues ensemble et envoyées au **relieur**, qui complète le livre en y ajoutant une couverture en carton.

Les formes une fois prêtes peuvent servir à tirer autant d'exemplaires qu'on veut.

RÉSUMÉ

1. *Avant de connaître le papier, les hommes se servaient, pour écrire, de feuilles de papyrus et de parchemin.*

2. *Le papier est fabriqué par le papetier, avec des chiffons. On*

les réduit en bouillie, puis en pâte qu'on fait passer entre des rouleaux chauffés. Les papiers colorés sont obtenus en ajoutant une couleur quelconque à la bouillie de chiffons. Les papiers peints, dont on tapisse les murs des appartements, sont recouverts de dessins après leur fabrication.

3. *Les livres étaient autrefois écrits à la main et coûtaient très cher. Aujourd'hui, grâce à l'invention de Gutenberg, on les imprime; on en fait beaucoup en très peu de temps, et tout le monde peut s'en procurer à bon compte.*

56e LEÇON

Le verre et le cristal

1. Les carreaux des fenêtres sont en verre. C'est un corps transparent, le plus souvent incolore, dur et cassant. Il est fabriqué dans les **verreries** avec du sable, de la soude et de la chaux, qu'on fond ensemble dans un four où la chaleur est extrêmement grande.

Fig. 139. — Verriers au travail.

Le four est situé au milieu de l'usine. Quand on l'a allumé pour la première fois, on ne le laisse pas éteindre pendant trois ans; il fonctionne jour et nuit. On y introduit une grande quantité de matières qui, en fondant, forment une pâte.

Tout autour du four, percé de plusieurs ouvertures, sont disposées des sortes de tables sur lesquelles se tiennent les ouvriers verriers (*fig.* 139), nus jusqu'à la ceinture, à cause de la grande chaleur. Chacun d'eux tient à la main une longue canne en fer, creuse dans toute sa longueur.

Quand la pâte est bien formée, l'ouvrier trempe le bout de sa canne dans la masse fondue et la retire; une petite boule de pâte y est fixée; il applique alors la bouche à l'autre extrémité de la canne et souffle avec précaution. La boule de verre se gonfle de plus en plus; si elle durcit, le verrier la replace quelques minutes dans le four, sans la détacher de la canne, pour la ramollir, et il continue de souffler. Dès que les parois de la boule sont assez minces, l'ouvrier fait rouler rapidement sa canne entre ses mains : la boule s'allonge et prend la forme d'un cylindre (*fig.* 140).

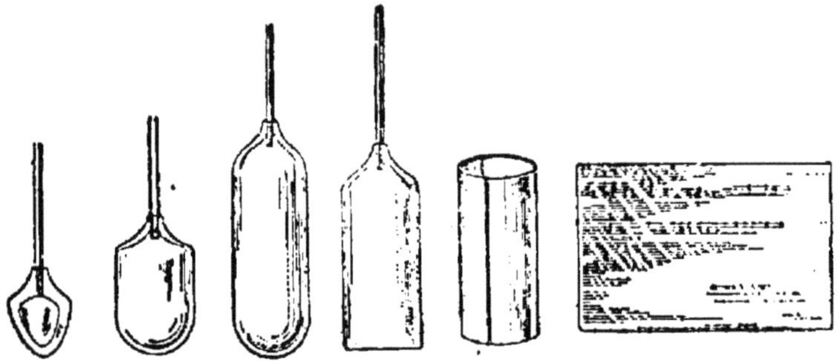

Fig. 140. — Phases de la fabrication d'une vitre.

Si on veut obtenir une vitre, on coupe le cylindre aux deux bouts pendant qu'il est encore chaud, puis dans le sens de la longueur; on le laisse un peu refroidir, et on l'introduit dans un second four moins chaud que le premier : la chaleur ramollit le verre et la plaque s'étend d'elle-même sur le sol du four. Les verres pour petites glaces se fabriquent de la même façon.

La confection des bouteilles est très simple. Lorsque le verrier a soufflé la boule de verre et que celle-ci est devenue un cylindre, il l'introduit dans un moule dont l'intérieur a exactement la forme d'une bouteille, et il souffle de nouveau; les parois de la boule s'appliquent contre les parois du moule et la bouteille est faite; il ne reste plus qu'à faire la bague du goulot. Pour les litres et les bouteilles à vin, l'ouvrier les enlève du moule, sans les détacher de la canne, et les ramollit dans le four; puis il les retire, les renverse et repousse le fond en dedans avec un instrument en tôle.

2. Le verre est aussi employé dans la construction des lunettes, des lorgnons, des loupes, des jumelles et autres instruments; mais ce n'est plus du verre ordinaire; c'est un verre fabriqué avec du sable blanc très fin, de la soude et de la chaux tout à fait pures.

3. Le **cristal** est un verre dur, très transparent, d'aspect agréable, mais fragile; il fait entendre un son prolongé quand on le frappe avec l'ongle. Il coûte assez cher.

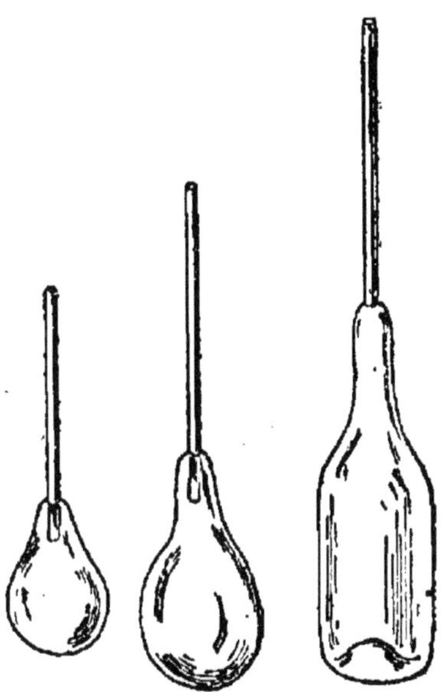

Fig. 140 *bis*. — Phases de la fabrication d'une bouteille.

On fabrique le cristal de la même manière que le verre à vitres ou à bouteilles, mais avec du sable blanc, du carbonate de potasse et du plomb. On en fait des carafes, des verres à boire et autres objets de luxe. Quelquefois même on ajoute à la pâte certaines couleurs pour en faire de fausses pierres précieuses.

Le plus beau cristal est fabriqué à Baccarat.

RÉSUMÉ

1. *Le verre est fabriqué par le verrier avec du sable, de la soude et de la chaux. Ces matières sont fondues dans un four; la pâte qui*

en résulte est soufflée par les ouvriers à l'aide d'une canne de fer creux. On obtient ainsi les carreaux, les verres pour glaces et les bouteilles.

2. *Le verre employé dans les lunettes, les lorgnons, les longues-vues et les jumelles est fait avec du sable blanc, de la soude et de la chaux très pures.*

3. *Le cristal est un verre fin et sonore. On le fabrique avec du sable blanc, de la potasse et du plomb. On en fait des objets de luxe.*

57e LEÇON

Le fer et la fonte

1. Les balcons des maisons, les serrures, les clefs sont en **fer** et le fer est un métal. Il existe beaucoup d'autres métaux; les plus importants sont le cuivre, le zinc, l'étain et le plomb. L'or et l'argent sont des métaux précieux.

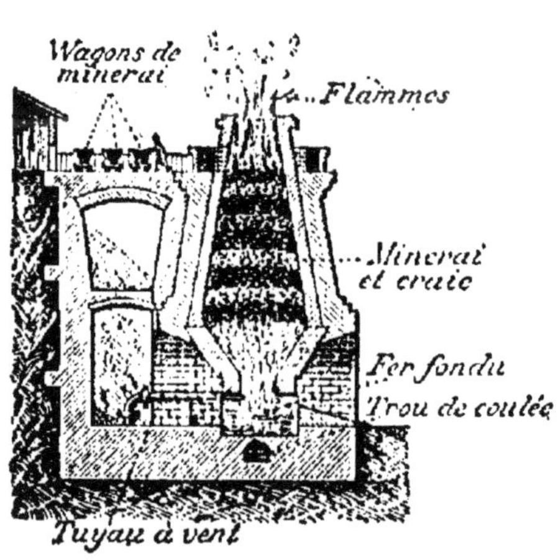

Fig. 141. — Haut fourneau.

Les métaux ne se trouvent pas purs dans le sein de la terre, sauf l'or. On les rencontre mélangés à d'autres corps, à de la terre, sous forme de pierres auxquelles on donne le nom de **minerais**, et, pour les avoir purs, il faut les extraire de ces minerais.

2. Les minerais de fer sont très répandus. On en extrait le fer au moyen des **hauts fourneaux** (*fig.* 141). Ce sont des

constructions en maçonnerie solide, ayant parfois 20 mètres de haut. Quand une fois on les a allumés, on ne les laisse plus jamais s'éteindre, jusqu'au jour où les murs usés se fendent ou s'écroulent.

Le minerai est placé dans le haut fourneau de manière à former des couches épaisses de 30 à 40 centimètres, séparées par des couches de houille et de craie. La houille, en brûlant, produit une chaleur considérable, dix fois plus forte que la chaleur de l'eau bouillante. A cause de cette chaleur, tout le minerai est fondu, y compris le fer, la terre et les pierres; mais le fer, plus lourd, coule au fond, dans un réservoir situé au bas du haut fourneau; et, lorsque ce réservoir est plein, on ouvre un trou par lequel le fer s'écoule dans des rigoles creusées sur le sol même de l'usine, où il se refroidit et forme des **barres**.

Les hauts fourneaux ne se vident jamais. A mesure que le minerai est fondu, on en ajoute de nouvelles quantités par la **gueule** du sommet; de sorte que, jour et nuit, l'usine est en marche.

FIG. 142. — Coulage de la fonte.

3. Le fer qui sort des hauts fourneaux n'est pas encore tout à fait pur; il contient un peu de charbon et on lui donne le nom de **fonte**. C'est une matière très dure, mais aussi très cassante; un simple choc suffit pour la briser et on ne peut la forger.

La fonte est cependant très employée. On en fait des marmites, des pièces de machines, des poêles pour le chauffage, même des statues. Pour obtenir ces objets, il faut les couler; ce travail se fait dans les **fonderies**. La fonte est placée dans des fours et fondue de nouveau; quand elle est devenue liquide, elle coule dans de grands vases de tôle suspendus à des grues (*fig.* 142) et que les ouvriers manient avec précaution; on la verse ensuite dans des ouvertures communiquant avec des moules creux, situés sous terre et de formes diverses. En se refroidissant, la fonte prend la forme des moules, qu'on démolit ensuite pour en retirer les objets coulés. On obtient ainsi les marmites, les chenêts, etc.

4. La fonte qui n'est point coulée est **affinée**, c'est-à-dire transformée en fer pur. Des ouvriers la fondent dans des fours plats, et, quand elle est devenue pâteuse, ils la remuent sans cesse avec de longues barres de fer; puis, avec d'énormes tenailles, ils saisissent les masses ou **loupes** de fer rouge, les placent sur des chariots et les amènent au **marteau-pilon** (*fig.* 143). C'est un gros bloc d'acier qui pèse 4.000 ou 5.000 kilogrammes; soulevé par la vapeur, entre deux colonnes, il frappe avec force sur le fer rouge, l'aplatit et en fait jaillir une pluie d'étincelles brûlantes. Après le martelage, le fer encore rouge est tiré en barres par une machine ou réduit en **tôle** par les rouleaux du **laminoir**.

FIG. 143. — Marteau-pilon.

RÉSUMÉ

1. *Les métaux existent dans la terre sous forme de minerais, desquels on les extrait.*

2. *Le fer est extrait de son minerai dans les hauts fourneaux ; le minerai mélangé de houille est fondu, et le fer, plus lourd que les matières terreuses, coule dans un réservoir.*

3. *La fonte est du fer contenant un peu de charbon ; on ne peut la forger. Les fondeurs la coulent dans des moules pour en faire des marmites, des chenêts, des poêles et autres objets.*

4. *En affinant la fonte, on obtient le fer pur ; on l'étire en barres ou on le réduit en tôle à l'aide de laminoirs.*

58e LEÇON

Usages du fer

1. Le fer pur est très résistant ; il ne casse pas comme la fonte, il plie au contraire très facilement, et on peut le forger, c'est-à-dire le chauffer et le frapper avec un marteau pour en faire toutes sortes d'objets. Mais il se **rouille**, si on le laisse longtemps à l'air humide; dans ce cas, il s'use très vite. Pour empêcher les objets en fer de se rouiller, on les recouvre d'une couche de peinture.

Le fer est le métal le plus répandu et le plus utile ; il a de nombreux usages et on ne pourrait pas s'en passer. On en fait toutes sortes de choses, et il est peu d'instruments où on ne voie au moins un petit morceau de fer, ne fût-ce qu'un clou. On pourrait même dire que tous les ouvriers, sans exception, emploient du fer sous une forme ou sous une autre. Mais ceux qui travaillent spécialement le fer sont le forgeron, le serrurier, le maréchal, le chaudronnier et le ferblantier.

2. Le **forgeron** fabrique surtout les gros objets. Dans son atelier, on voit une **forge** (*fig.* 144); c'est un grand foyer chargé de houille brûlante, activé par un énorme soufflet. Le forgeron peut ainsi chauffer de grosses barres de fer et, quand elles sont rouges, les façonner sur **l'enclume** en frappant dessus avec de gros marteaux. C'est un métier pénible que celui de forgeron; toute la journée, les manches retroussées, la chemise ouverte, la tête nue, il chauffe et frappe sans cesse; la sueur coule de son front et de sa poitrine; mais il travaille gaiement, et tous les objets qu'il fabrique, les socs de charrue, les gonds, les pentures pour les portes, les crochets, les chaînes, les cercles pour les roues, les balcons, les grilles, sont d'une solidité à toute épreuve.

Fig. 144. — Forgeron.

Le **serrurier** a un travail moins dur que celui du forgeron; il a, lui aussi, une forge et une enclume; mais elles sont plus petites, car il fabrique seulement les serrures, les clefs et les targettes. Il les forge d'abord sur son enclume; puis, quand elles sont refroidies, il les ajuste en les limant. Il ressoude aussi les clefs cassées.

Le travail du **maréchal** consiste à ferrer les chevaux et les mulets. Ces animaux marchent beaucoup; la terre dure des routes ou les pavés des rues auraient vite usé la corne de leurs pieds, si on ne la garnissait d'un fer recourbé, dit **fer à cheval**, dont les deux branches sont percées de trous. Le maréchal forge ces fers; il en fabrique à l'avance de grandes quantités, de toutes les dimensions, et, lorsqu'on lui amène un cheval, il choisit ceux qui s'adaptent le mieux aux pieds de l'animal; puis, avec un **rogne-pied**, espèce de tranchet en acier, il coupe avec soin la corne trop longue et y cloue solidement les fers, à l'aide de clous spéciaux.

3. Le **chaudronnier** est aussi un ouvrier du fer, mais il n'emploie guère que de la **tôle** plus ou moins épaisse, et en fait tous les ustensiles qui servent à faire chauffer l'eau ou les aliments. S'il s'occupe de petite chaudronnerie, il fabrique les **casseroles**, les **poêles**, les **poêlons**, les **chaudrons** de cuisine, les **passoires**, les **bassines**. Si, au contraire, il est gros chaudronnier, il construit les grandes chaudières des machines à vapeur, des locomotives et des bateaux.

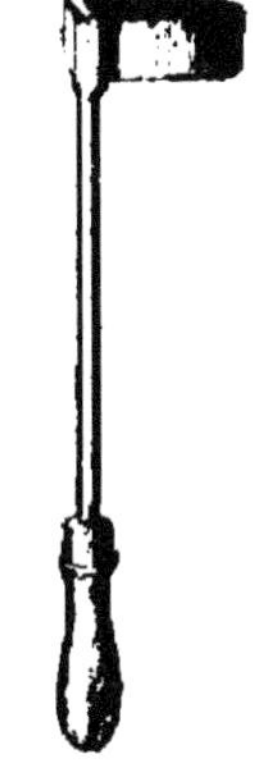
Fig. 145. — Fer à souder du ferblantier.

Les seaux en fer-blanc sont façonnés par le **ferblantier**. Il fabrique aussi les petites casseroles, les louches, les écumoires, les entonnoirs, les filtres à café, dont se servent les ménagères. Il n'a pas de forge, ses principaux outils sont les **cisailles** pour couper les plaques de fer-blanc, le marteau, le maillet et le **fer à souder** (*fig.* 145) qu'il chauffe dans un petit fourneau.

RÉSUMÉ

1. *Le fer est le métal le plus répandu ; on en fait toutes sortes d'objets. Ceux-ci se rouillent à l'air humide ; on les empêche de se rouiller en les couvrant d'une couche de peinture.*

2. *Le forgeron fabrique les gros objets en fer, comme des socs de charrue, les grilles, les balcons, les cercles de roues. Le serrurier fait les serrures, les clefs et les targettes. Le maréchal ferre les chevaux.*

3. *Le chaudronnier façonne les bassines, les casseroles, les poêles, les passoires et les chaudières des machines à vapeur. Le ferblantier fabrique des seaux, des louches, des écumoires, des filtres à café, etc.*

59e LEÇON

Les aciers et la coutellerie

1. Les lames des couteaux et des canifs ne sont ni en fonte ni en fer, mais en **acier**. C'est un métal dur et cassant ; il résonne si, après l'avoir suspendu à une ficelle, on le frappe avec un morceau de fer.

On fabrique l'acier de deux façons. Dans la première, on fait fondre de la fonte dans de grands vases appelés **convertisseurs**, et dans le liquide on fait passer un fort courant d'air à l'aide d'un énorme soufflet. On arrête l'opération avant que tout le charbon de la fonte soit enlevé.

Ou bien on fait fondre du fer pur dans des fours plats et on y ajoute du charbon en quantité convenable.

On peut donc dire que l'acier est un métal composé de fer et de charbon. Il se laisse forger comme le fer, ce qui n'est pas possible avec la fonte.

2. L'acier est plus dur et plus résistant que le fer, et il s'use beaucoup moins vite. Il acquiert sa plus grande dureté lorsqu'il a été **trempé**. La trempe se fait de la manière suivante. On chauffe doucement l'acier dans le feu d'une forge ; quand il a pris la couleur des cerises mûres, on le plonge dans l'eau froide qui le refroidit brusquement ; on le retire lorsqu'il est devenu bleu foncé. Pour la trempe de certains aciers, l'eau est remplacée par de l'huile.

3. L'acier sert à la fabrication d'une foule d'objets, mais surtout des canons, des fusils, des armes blanches, sabres, épées et baïonnettes, des couteaux et des ciseaux.

Les premiers canons étaient en **bronze**, mélange de cuivre et d'étain. On les obtenait en coulant le bronze fondu dans des moules desquels on les retirait tout faits, après le refroidissement. Aujourd'hui, l'énorme force de la poudre sans fumée briserait comme du verre les canons de bronze. Aussi on les fabrique en acier. Celui-ci, fondu, est encore coulé dans des moules; mais, quand on retire les canons de ces moules, ils sont pleins et non creux ; il faut les **forer** ensuite, c'est-à-dire les percer d'un canal dans toute leur longueur. De cette manière, on obtient des canons très solides; ils ne risquent pas d'éclater par l'explosion de la charge formidable de poudre qu'on y introduit. En France, les plus importantes fonderies de canons sont à Bourges et au Creusot.

4. La fabrication des couteaux utilise une grande quantité d'acier. Des ouvriers forgent d'abord grossièrement les lames, petites et grandes, pour leur donner à peu près la forme qu'elles doivent avoir. On les termine ensuite en les limant avec des limes de plus en plus fines, puis on les trempe pour leur donner la dureté et enfin on les polit sur une meule. Pendant ce temps, d'autres ouvriers ont fabriqué les manches avec de petites plaques de fer recouvertes de corne ou de bois. On fixe les lames aux manches et les couteaux sont terminés.

Fig. 146. — Rémouleur ambulant.

Lorsque nos couteaux ou nos canifs ne coupent plus, nous les portons au **rémouleur** (*fig.* 146), qui les aiguise. Il se sert d'une meule de pierre et la fait tourner rapidement à l'aide de son pied posé sur une pédale. Avec les mains, il presse à plat la lame sur la meule mouillée; celle-ci, à force de frotter l'acier, l'use peu à peu et rend la lame tranchante.

5. Les bûcherons, les charrons, les charpentiers se servent de haches, de ciseaux, de bédanes, de serpes, également en acier. Tous ces instruments sont fabriqués par le **taillandier**, qu'on pourrait appeler le forgeron de l'acier. Il a, en effet, une forge et une enclume; il façonne d'abord ses outils à grands coups de marteau, les finit à la lime, les tremp et les aiguise ensuite à l'aide d'une grande meule.

RÉSUMÉ

1. *L'acier est un métal composé de fer et d'un peu de charbon. Il y en a de plusieurs qualités.*

2. *L'acier est dur et résistant; il acquiert sa plus grande dureté quand il a été trempé.*

3. *Les canons, les armes blanches sont en acier. Pour fabriquer les canons, on coule l'acier fondu dans des moules, et on fore ensuite les grosses pièces obtenues; les canons d'acier sont très solides.*

4. *Les couteaux, les canifs et les ciseaux de couturière sont aussi en acier; ils sont façonnés par le coutelier.*

5. *Le taillandier fabrique les haches, les serpes, les ciseaux à bois et autres gros outils.*

60e LEÇON

Les autres métaux usuels

1. Après le fer, les métaux les plus importants sont le cuivre, le plomb, l'étain et le zinc.

Le **cuivre** est presque aussi utile que le fer. On le trouve quelquefois pur dans la terre, mais la plus grande partie est extraite d'un minerai. Il a une belle couleur jaune et devient très brillant quand on l'a frotté avec du blanc d'Espagne d'abord, et ensuite avec un linge bien sec.

On utilise le cuivre pour fabriquer un grand nombre

d'objets et d'instruments. On en fait des chaudières, des tuyaux, des robinets, des chaudrons pour cuire les confitures, des bassines. Les clairons, les trompettes sont aussi en cuivre, ainsi que les poignées des portes. On peut l'étirer en fils très minces, avec lesquels sont faites certaines passementeries pour les habits.

Quelques ustensiles de cuisine, comme les casseroles, sont en cuivre. Il faut avoir soin de les tenir toujours bien propres et secs, car, si on les laisse humides, il se forme du **vert-de-gris**, poudre verte qui est un poison violent ; ce vert-de-gris se mêlerait ensuite aux aliments, et les personnes qui les mangeraient seraient empoisonnées.

Le bronze est obtenu en fondant ensemble du cuivre et de l'étain ; on en fait des cloches; les pièces de deux sous et de un sou sont aussi en bronze. Le **laiton** est un mélange de cuivre et de zinc.

2. Le **plomb** est un métal lourd, mais très mou; on le raye facilement avec les ongles, et on peut le couper avec un couteau. Chauffé dans une cuiller en fer, il fond assez vite et se moule aisément. On obtient de cette façon les soldats de plomb qu'on donne pour étrennes aux enfants et avec lesquels ils s'amusent de si bon cœur.

On fait encore avec le plomb de longs tuyaux qu'on enterre sous les rues des villes pour amener le gaz d'éclairage dans les appartements. Jusqu'aujourd'hui, on a employé des tuyaux semblables pour conduire l'eau ; mais on a reconnu qu'ils sont dangereux, et on les remplace par des tuyaux en fonte ou en terre cuite.

3. Le **zinc** est un métal blanc bleuâtre, assez cassant, mais plus solide que le plomb. Il ne se rouille pas, ni à l'eau, ni à l'air. Aussi, on l'emploie pour faire des seaux, des baquets, des arrosoirs, des baignoires, des gouttières ou descentes d'eau. On en fait des plaques minces et larges, avec lesquelles on couvre certaines maisons, en les soudant les unes aux autres. Le zinc est préférable aux ardoises et aux tuiles, parce qu'il est plus léger; mais, comme il s'échauffe très vite par le soleil, il ne peut servir à cet usage dans les pays chauds.

4. **L'étain** est blanc, brillant et très mou. Il fond encore plus facilement que le plomb. On en fait le papier d'étain, dans lequel on enveloppe les tablettes de chocolat, le thé et la vanille, pour les préserver de l'humidité. L'étain, en effet, est comme le zinc, il ne se rouille jamais. Il a donc trois qualités importantes : il fond très vite, il est brillant, il ne se rouille pas. On utilise ces trois qualités dans **l'étamage** des ustensiles de fer. De temps en temps, les cuisinières portent leurs casseroles, leurs poêlons, leurs louches, leurs cuillers et leurs fourchettes à **l'étameur** (*fig.* 147). Celui-ci les tourne et retourne dans un bain d'étain fondu; puis, après les avoir retirés et laissé refroidir, il les frotte avec un linge de laine bien sec; les ustensiles prennent alors un joli brillant, on dirait presque qu'ils sont en argent; en tout cas, protégés par la mince couche d'étain, ils ne se rouillent pas.

Fig. 147. — Étameur.

RÉSUMÉ

1. *Le cuivre est un métal de couleur jaune rouge. Il devient très brillant quand on l'a poli; on en fait des chaudières, des chaudrons, des robinets, des poignées de portes. Les ustensiles de ménage en cuivre*

doivent être tenus très propres, pour éviter la formation de vert-de-gris. Le bronze et le laiton sont des mélanges de cuivre avec l'étain ou le zinc.

2. Le plomb est un métal mou. En le coulant, on en fait des tuyaux de conduite pour le gaz. Les conduites d'eau en plomb sont dangereuses.

3. Le zinc ne se rouille jamais, et sert à la fabrication des seaux, des arrosoirs, des baignoires. On l'emploie aussi en plaques minces pour couvrir les maisons.

4. L'étain sert à la fabrication du papier d'étain et à l'étamage des ustensiles de ménage en fer, pour les préserver de la rouille.

61e LEÇON

Les métaux précieux

1. L'argent et l'or sont appelés métaux précieux. Ils coûtent cher, parce qu'ils sont rares : 1 kilogramme d'argent vaut 200 francs, et 1 kilogramme d'or, 3.500 francs environ.

L'argent se trouve quelquefois à l'état pur, mais en petite quantité ; le plus souvent on l'extrait du minerai de plomb, qui en contient toujours un peu. Cette extraction est difficile, et c'est encore une cause qui augmente le prix du métal.

L'argent est blanc, et il conserve toujours cette couleur, même après un temps très long. Mais il est assez mou et s'use vite ; afin d'éviter cette usure, on le mélange toujours avec un peu de cuivre pour le rendre plus dur.

On fabrique avec l'argent des timbales, des cuvettes et des chaînes de montre, des cuillers et des fourchettes. Le **bijoutier** en fait des bijoux de toutes sortes : des bagues, des épingles de cravate, des broches, etc. Il fond d'abord le métal dans un petit creuset en terre chauffé avec une lampe à gaz, puis il coule le liquide dans des moules. Pour souder les épingles et les fermoirs des broches, le bijoutier se sert d'un **chalumeau** (*fig.* 148). Avec cet instrument, il fait arriver sur les bijoux une pointe de flamme très fine qui fond le métal aux points de soudure seulement.

Fig. 148. — Bijoutier travaillant avec son chalumeau.

L'argent sert encore à la fabrication des pièces de 50 centimes, de 1 franc, de 2 francs et de 5 francs.

2. L'**or** est plus rare que l'argent. On le trouve toujours à l'état pur, soit sous forme de petites paillettes dans le sable de certaines rivières, soit en blocs assez gros, nommés **pépites**, mélangés à des roches très dures, surtout en Amérique et en Australie.

Des hommes ont pour métier de chercher l'or. Ils vont partout où ils pensent qu'il peut y en avoir, dans des montagnes sauvages, où ils sont exposés à toutes sortes de dangers. Souvent même ils meurent de faim ou sont tués par des bêtes féroces avant d'avoir rien trouvé.

Pour retirer l'or du sable qui en contient, on lave ce sable dans des baquets en bois au fond desquels on a versé un liquide très lourd appelé **mercure** et de l'eau. L'or se mélange au mercure et reste au fond du baquet, l'eau entraîne toutes les autres matières. On recueille le mélange et on le distille dans un alambic, comme on distille le marc pour avoir l'eau-de-vie ; le mercure s'en va en vapeur et l'or reste pur.

L'or a une belle couleur jaune. On en fait des bijoux, des montres, des bagues, des bracelets, des médaillons, etc. Le bijoutier qui les fabrique s'appelle aussi **orfèvre**.

3. Comme l'argent, l'or mélangé d'un peu de cuivre sert à la fabrication des monnaies, laquelle se fait à l'Hôtel des Monnaies, à Paris. Des ouvriers font passer les lingots d'or et d'argent entre les rouleaux de laminoirs pour en faire des bandes ayant exactement l'épaisseur des pièces. On glisse ensuite ces bandes sous des **découpoirs** qui en enlèvent de petites rondelles ou **flans**. On soumet enfin les flans à l'action d'une **presse**, qui imprime sur une des faces la semeuse avec l'inscription **République française**, sur l'autre face une branche d'olivier, la valeur de la pièce et la devise **Liberté, Egalité, Fraternité**. Les pièces mal faites et les débris des bandes sont renvoyés à l'atelier pour être refondus.

L'or et l'argent peuvent être tirés en fils extrêmement fins avec lesquels on fait des broderies, des passementeries, des galons et des filets d'épaulettes pour les officiers.

RÉSUMÉ

1. *L'argent se rencontre quelquefois pur, mais on le retire surtout du minerai de plomb. Le bijoutier en fabrique des montres, des bagues, des colliers, des chaînes, des épingles de cravate, etc.*

2. *L'or existe à l'état pur dans les roches, sous forme de pépites, ou en paillettes dans le sable de certaines rivières. On lave ce sable dans des baquets pour en retirer l'or, avec lequel l'orfèvre fabrique toutes sortes de bijoux.*

3. *L'or et l'argent servent à la fabrication des monnaies. On les fond avec un peu de cuivre et on en fait des bandes dans lesquelles on découpe des rondelles de la grosseur des pièces. Une presse frappe ensuite les pièces et les termine.*

62e LEÇON

Le bois et les forêts

1. On appelle **forêts** de grandes étendues de terrain plantées d'arbres et d'arbustes. Une petite forêt est un **bois**, et un petit bois un **bosquet**.

En Amérique et en Afrique, les voyageurs rencontrent souvent des forêts où l'homme n'a jamais pénétré ; ce sont les **forêts vierges**. Les arbres, serrés les uns contre les autres, ont une hauteur prodigieuse, et, pour passer, il faut tracer soi-même un chemin, en coupant à coups de hache et de serpe les branches et les racines qui font une barrière épaisse.

2. Dans nos pays, les principaux arbres des forêts sont : le chêne, le hêtre, le bouleau, le platane, le frêne, le peuplier, le merisier, le pin et le sapin. Le **noisetier** est un arbuste dont les enfants vont, au mois de septembre, cueillir les fruits, pour en croquer les amandes.

Le chêne, qu'on nomme souvent le **roi des forêts**, atteint parfois une hauteur de 40 à 50 mètres et vit jusqu'à cinq ou six cents ans. Son bois est très dur, on l'emploie dans la fabrication des meubles; ses fruits ou **glands** servent à engraisser les porcs; avec son écorce, on fait le **tan** pour tanner les peaux ; enfin certains chênes produisent le **liège** dont on fait les bouchons.

Le hêtre atteint également une grande taille ; son bois est employé pour faire des fagots; ses fruits, nommés **faines**, sont bons à manger ; on en retire aussi une huile excellente.

Les fruits du merisier sont utilisés pour la fabrication du **kirsch**.

Les autres arbres fournissent surtout leur bois. Le **pin** et le **sapin** conservent leurs feuilles tout l'hiver.

3. La plupart des forêts sont habitées, non seulement par les oiseaux qui établissent leurs nids dans les branches des arbres, mais encore par des animaux vivant dans les **fourrés** ou se logeant dans des trous appelés **terriers**. En France, le plus redoutable de ces animaux est le **loup**, aussi gros qu'un chien et très féroce ; il existe encore dans les forêts du Centre, mais il devient de plus en plus rare, car on lui fait une chasse acharnée. Le **renard** passe la plus grande partie de la journée dans son terrier ; il en sort la nuit pour chercher sa nourriture. **L'écureuil** (*fig.* 149) vit sur les arbres, sautant de l'un à l'autre avec agilité, et se nourrit de noisettes et de faines. Dans les taillis se cachent le **cerf**, le **chevreuil** et le **daim**.

FIG. 149. — Écureuil.

4. Les forêts sont d'une grande utilité. Elles purifient l'air, arrêtent les nuages et les font tomber en pluies ; les pays où elles se trouvent ne manquent donc jamais d'eau. Dans les montagnes, elles empêchent les torrents de dévaster les terrains et les jardins. On a remarqué que les pays où l'on abat les forêts deviennent peu à peu semblables à des déserts. Il est par conséquent imprudent de déboiser.

Enfin, les forêts fournissent le bois nécessaire à la fabrication des meubles, à la construction des maisons, et le bois de chauffage. C'est le **bûcheron** (*fig.* 150) qui abat les grands arbres dont on fera les planches, les poutres et les chevrons. Il **scie** les arbres au pied et les fait tomber sur le sol ; avec une **hache** ou une **serpe**, il coupe les grosses branches et en fait des **bûches**; les petites branches serrées dans un lien donnent les **fagots**.

A l'automne, après la chute des feuilles, beaucoup de branches sèches se détachent des arbres et tombent. C'est ce qu'on appelle le **bois mort**. La récolte du bois mort est

FIG. 150. — Bûcheron abattant un arbre.

permise dans toutes les forêts. Les pauvres gens vont le ramasser; ils en font des fagots qu'ils emportent sur le dos ou sur une brouette; ils s'en serviront l'hiver, pour se chauffer, et ils souffriront moins du froid.

RÉSUMÉ

1. *Les forêts et les bois sont de très grands terrains plantés d'arbres et d'arbrisseaux. On appelle forêts vierges celles où l'homme n'a jamais pénétré.*

2. *Les principaux arbres de nos forêts sont le chêne, le hêtre, le bouleau, le pin, le sapin et le noisetier. Les uns atteignent une grande hauteur; le noisetier est un simple arbuste.*

3. *Les animaux de la forêt sont le loup, le renard, l'écureuil, le cerf, le daim et le chevreuil.*

4. *Les forêts sont utiles; elles facilitent les pluies, et fournissent le bois pour les meubles, les constructions et le chauffage. C'est le bûcheron qui abat les arbres et fait les bûches et les fagots.*

63e LEÇON

Les usages du bois

1. Les fines branches des arbres de la forêt servent à fabriquer le charbon. Le **charbonnier** les coupe d'abord en rondins; il en plante cinq ou six en terre de façon à former une espèce de cheminée autour de laquelle il range les autres rondins; le tas devient une **meule** (*fig.* 151), qui est ensuite recouverte de terre ou de mottes de gazon. On met le feu à la meule en jetant dans la cheminée des copeaux enflammés. La meule brûle doucement, sans flamme, et le bois devient du charbon. Au bout de deux jours, on éteint la meule en bouchant la cheminée; on laisse refroidir le tout, on démolit le tas et on met le charbon en sacs.

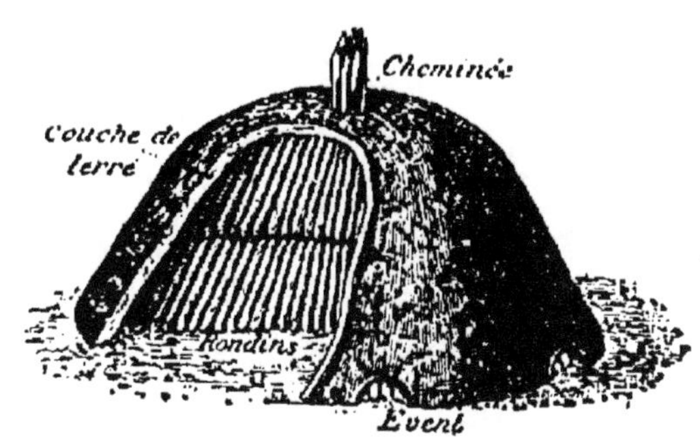

FIG. 151. — Meule de charbonnier.

2. Avec les grosses branches des hêtres, le **sabotier** (*fig.* 152) fait les sabots. Il les taille d'abord pour leur donner leur forme extérieure, puis il les creuse à l'aide d'outils bien tranchants et ressemblant à une cuiller.

Fig. 152. — Le sabotier.

Quant aux troncs des arbres, ils sont le plus souvent débités en planches par les **scieurs de long** (*fig.* 153). Ceux-ci travaillent toujours au moins deux ensemble. Ils enlèvent d'abord à coups de hache l'écorce et le mauvais bois du tour ; puis ils attachent le tronc sur deux forts tréteaux de bois. Un des ouvriers monte sur le tronc, l'autre reste en

Fig. 153. — Scieurs de long.

bas, et à eux deux ils manœuvrent une grande scie avec

laquelle ils découpent des madriers, des chevrons, des planches aussi minces qu'ils veulent.

Le **charpentier** travaille les grosses poutres qu'il taille à la hache dans les troncs entiers. A l'aide d'une **bisaiguë** (*fig.* 154), instrument aiguisé aux deux bouts, il fait dans une poutre une entaille nommée **mortaise** ; à l'extrémité d'une poutre plus petite, il pratique un **tenon** (*fig.* 155); celui-ci s'emmanche exactement dans la mortaise et fixe solidement la petite poutre à la grosse. Pour plus de solidité encore, le charpentier perce à l'aide d'une **tarière** (*fig.* 156) un trou traversant à la fois la mortaise et le tenon, et il y enfonce à coups de marteau une forte cheville de bois. Ainsi sont construites les charpentes qui soutiennent les toits de nos maisons.

Fig. 154. Bisaiguë.

3. Le **menuisier** emploie surtout des planches et des chevrons. Il commence par les polir à l'aide d'un **rabot** ou d'une **varlope** (*fig.* 157) qui enlèvent des **copeaux** plus ou

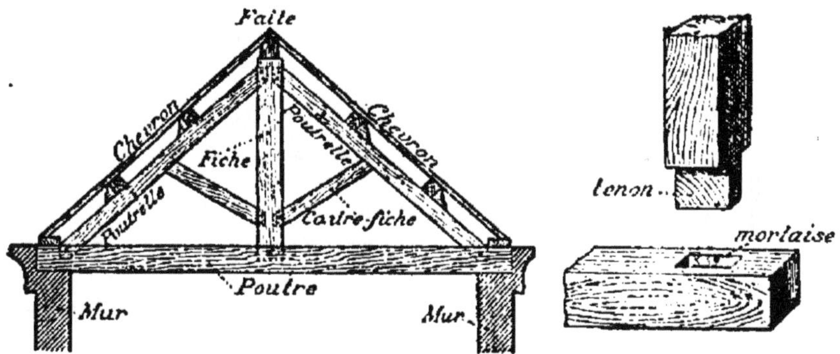

Fig. 155. — Tenon et mortaise.

moins fins. Si le menuisier veut faire une porte, il cloue les planches rabotées sur deux traverses plus fortes. Pour les bancs, les tables et les armoires, il faut en réunir les montants ou les pieds par des tenons et des mortaises pratiqués avec des **ciseaux**, des **bédanes** et un **maillet** ou marteau de bois. Le menuisier fabrique aussi les fenêtres, les persiennes et les volets.

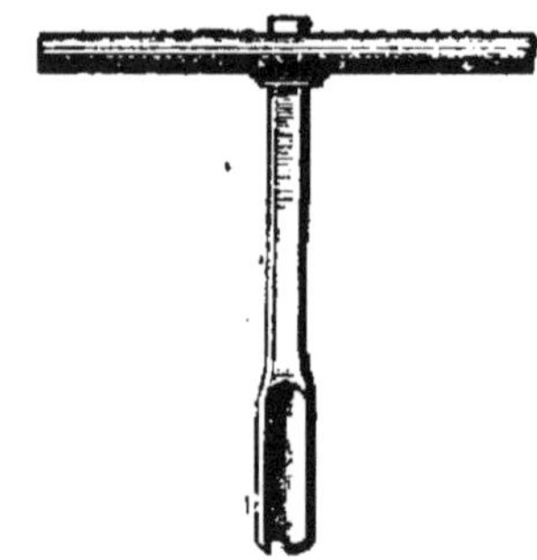

Fig. 156. — Une tarière.

L'ébéniste fabrique à peu près les mêmes meubles que le menuisier, c'est-à-dire des armoires, des tables de salles à manger, des tables de nuit et de toilette, des lits, etc.; mais

Fig. 157. — Une varlope.

il emploie surtout du bois précieux, comme le noyer, le palissandre, l'acajou; le menuisier, au contraire, emploie du bois ordinaire. De plus, l'ébéniste orne de sculptures les meubles qu'il fabrique; aussi, il les vend plus cher.

Fig. 158. — Le tourneur.

4. Les chariots, les charrettes, les carrioles, les charrues et les herses en bois sont l'œuvre du **charron.** Pour faire son travail, il se sert de rabots, de varlopes, de scies, de **planes** ou couteaux à deux poignées, de ciseaux, de bédanes et de maillets, car lui aussi perce des mortaises et façonne des tenons. Il fabrique également les roues des voitures, grosses et petites. Celui qui construit les voitures légères, cabriolets, tapissières, calèches, s'appelle **carrossier**.

Le **tourneur** façonne les **bondons** ; ce sont des bouchons en bois avec lesquels on ferme les bondes des tonneaux. Il tourne aussi les pieds ornés de moulures des tables de salle à manger, des chaises élégantes, les colonnes de bois, etc. Il se sert d'un **tour** (*fig.* 138) qu'il manœuvre en appuyant avec le pied sur une pédale, et de ciseaux de toutes sortes, droits, courbes et obliques.

RÉSUMÉ

1. *Le charbonnier fabrique le charbon avec les branches coupées en rondins qu'il fait brûler doucement dans des meules recouvertes de terre.*

2. *Le sabotier fait les sabots avec le bois de hêtre. Les scieurs de long débitent les troncs en planches, poutres et chevrons. Le charpentier taille les poutres et les assemble pour élever les charpentes des maisons.*

3. *Le menuisier fabrique des meubles en bois ordinaire, des portes et des fenêtres. L'ébéniste fait aussi des meubles avec du bois précieux et les orne de sculptures.*

4. *Le charron fabrique les charrues, les chariots, les herses et les charrettes. Le carrossier construit les voitures légères ; enfin le tourneur prépare les pieds des chaises et des tables élégantes.*

CINQUIÈME PARTIE

LE CHAUFFAGE ET L'ÉCLAIRAGE

64e LEÇON

Le chauffage

1. A l'hiver, nous disons qu'il fait froid; à l'été, au contraire, nous trouvons qu'il fait chaud. Le froid est encore de la chaleur, mais une chaleur très faible; on pourrait même dire que le grand froid est l'absence de chaleur.

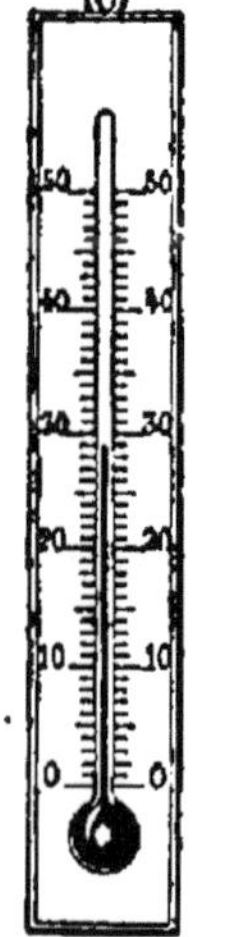

Fig. 159. Thermomètre.

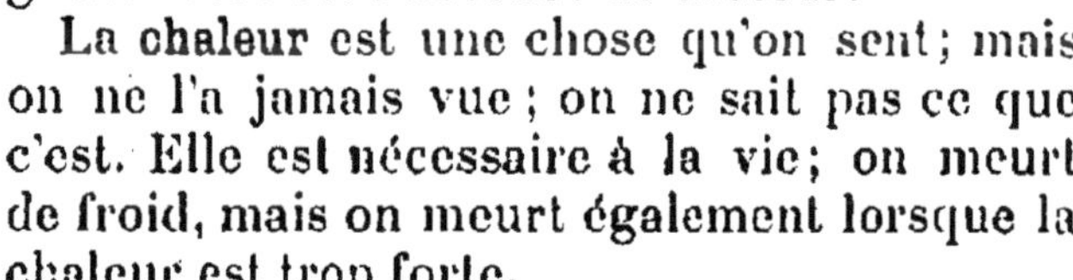

La **chaleur** est une chose qu'on sent; mais on ne l'a jamais vue; on ne sait pas ce que c'est. Elle est nécessaire à la vie; on meurt de froid, mais on meurt également lorsque la chaleur est trop forte.

Si on ne peut pas voir la chaleur, on sait pourtant la mesurer, à l'aide d'instruments appelés **thermomètres** (*fig.* 159). Ce sont de petits tubes de verre percé d'un canal très fin et fermé aux deux bouts; le bout inférieur est renflé et forme un **réservoir** rempli d'alcool coloré en rouge, ou mieux d'un liquide argenté nommé **mercure**. Les tubes des thermomètres sont fixés sur des planchettes qui portent des divisions marquées par des nombres. Quand il fait chaud, le liquide monte dans le tube; s'il fait froid, le liquide **descend**, au contraire ; dans chaque cas, on regarde à quelle division s'arrête le sommet du liquide ; le nombre de cette division indique le degré de chaleur ou de froid.

2. Lorsqu'il fait trop froid dans les appartements, on allume du feu dans les **cheminées**. Ordinairement, on y brûle du bois ; ce sont des bûches provenant des branches des arbres de la forêt abattus par le bûcheron, ou encore des **souches**, c'est-à-dire des morceaux de grosses racines retirées de terre après que les arbres ont été abattus. Les souches brûlent doucement et donnent plus de chaleur que les bûches.

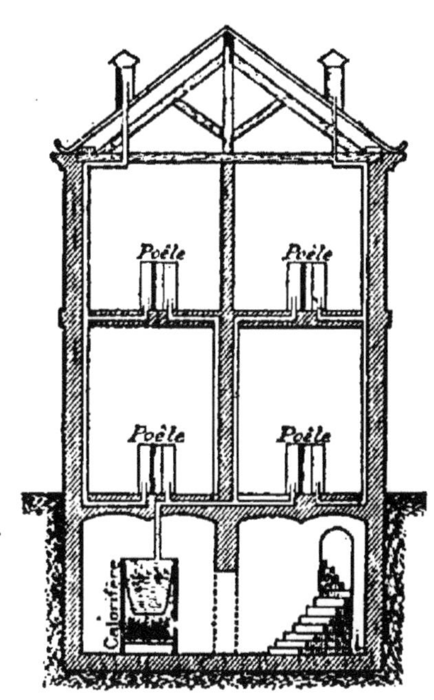

Fig. 160. — Chauffage d'une maison par la vapeur.

En brûlant, le bois produit de la **fumée** ; celle-ci monte dans la cheminée et y dépose une matière noire appelée **suie**. A la longue, la suie s'amasse ; elle peut s'enflammer et causer un **feu de cheminée** capable d'occasionner un incendie. Il faut donc, de temps en temps, faire nettoyer les cheminées par le **ramoneur**.

3. En certains pays, il fait extrêmement froid l'hiver, et il ne suffit plus de faire brûler du bois dans les cheminées. On fait alors usage de poêles en fonte, qu'on alimente avec de la houille, du coke ou de la tourbe.

La **tourbe** est formée par des herbes qui s'entassent au fond des **marais** et se transforment en charbon, après un temps plus ou moins long. La couche de tourbe devient de plus en plus épaisse, finit par remplir le marais et en chasse l'eau : le marais est devenu une **tourbière**. Des ouvriers viennent et, avec des bêches, découpent dans les couches de petits morceaux réguliers qu'on met à sécher avant de les vendre. On rejette toujours la couche de dessus, car la tourbe qui la forme est encore verte et brûlerait mal ; les couches inférieures sont noires et donnent une tourbe de bonne qualité.

4. Dans les grandes villes, les appartements de beaucoup de maisons sont chauffés à la vapeur (*fig.* 160). Un énorme calorifère est installé dans une cave sous la maison. Il est surmonté d'une chaudière pleine d'eau d'où partent des tuyaux qui aboutissent à toutes les chambres. La vapeur circule dans les tuyaux et chauffe ainsi les appartements. C'est bien commode, car il n'y a jamais de fumée.

RÉSUMÉ

1. *La chaleur et le froid peuvent être mesurés avec des instruments appelés thermomètres.*

2. *On chauffe les appartements en brûlant du bois dans les cheminées. Celles-ci doivent être nettoyées de temps en temps par le ramoneur, pour éviter que la suie ne prenne feu.*

3. *Dans les pays froids, on emploie des poêles en fonte dans lesquels on brûle de la houille, du coke ou de la tourbe. La tourbe est produite dans les tourbières par des herbes qui s'entassent et se transforment en charbon.*

4. *Beaucoup de maisons, dans les villes, sont chauffées par la vapeur.*

63e LEÇON

La houille et les mines

1. La **houille**, encore nommée charbon de terre, est une pierre noire, luisante, douce aux doigts; elle existe en couches minces ou épaisses en certains pays, comme la France, la Belgique, l'Angleterre.

Pendant longtemps, on a cru que la houille était une pierre comme les autres; mais, en l'examinant bien, on a remarqué dans certains blocs des feuilles, des branches et même des troncs d'arbres et d'autres végétaux. Les savants ont cherché avec soin, et ils ont reconnu que la houille a été formée par les végétaux de forêts très anciennes enfouies brusquement sous la terre, il y a des millions d'années. Ainsi engloutis, au lieu de pourrir, les végétaux se sont transformés en houille, à cause du manque d'air.

2. Pour aller chercher la houille, il faut d'abord reconnaître les endroits où elle se trouve. C'est l'affaire des **ingénieurs**. Ils font des sondages, c'est-à-dire percent le sol avec de longues tiges d'acier s'emmanchant les unes dans les autres; la première est terminée par une espèce de petite cuiller; on retire de temps en temps les tiges et on regarde la cuiller : on y trouve de petits morceaux de houille s'il y en a à l'endroit où se fait le sondage.

L'emplacement reconnu, on creuse un puits assez large jusqu'à la première couche et on le mure : c'est l'ouverture de la **mine** (*fig.* 161). On installe à côté une machine à vapeur qui fait descendre et remonter dans le puits une grande cage de bois. Les **mineurs** descendent par cette cage. Armés de leurs pics, ils détachent les blocs de houille que la cage remonte. Ainsi, le puits s'enfonce davantage. A mesure, on creuse à droite et à gauche, dans tous les sens, des **galeries**; elles s'éloignent de plus en plus du puits, et toujours les blocs de houille remontent. Pour éviter les éboulements, on **étaie** les galeries avec des poutres de bois, à mesure qu'elles s'enfoncent. Quand elles sont très longues, on y établit des rails sur lesquels roulent des **wagonnets** servant à transporter la houille depuis le fond des galeries jusqu'au puits, où elle est déchargée dans la cage. Ces

Fig. 161. — Intérieur d'une mine.

wagonnets sont tirés par des chevaux que conduisent de jeunes garçons.

Le travail des mineurs est très pénible. Descendus avant le lever du soleil, ils vont passer leurs journées dans les galeries obscures, éclairés seulement par la flamme de leur lampe. Le corps nu jusqu'à la ceinture, obligés de se tenir couchés sur le côté le plus souvent, pendant de longues heures ils frappent du pic la roche dure pour en arracher des morceaux; leur corps est couvert de sueur, car il fait chaud dans les mines.

3. De terribles dangers menacent les mineurs. De la houille, en effet, se dégage un gaz, le **grisou**. Que ce gaz s'enflamme, et une formidable explosion se produit, tuant les malheureux ouvriers. On tremble encore d'horreur au souvenir de l'épouvantable catastrophe de Courrières, en 1906, qui fit périr 1.200 mineurs.

Heureusement, de pareilles catastrophes sont rares, grâce à la lampe inventée par **Davy** (*fig.* 162). La flamme de cette lampe est entourée complètement d'une toile métallique, de telle façon qu'elle ne peut mettre le feu au grisou, s'il y en a. Et, comme ce gaz a une odeur particulière, les mineurs avertis se retirent, et on aère la mine.

Fig. 162.
Lampe de mineur.

4. La houille a de nombreux usages. Elle sert à chauffer les poêles, l'hiver, dans les pays très froids. On en retire le gaz d'éclairage. On l'utilise pour faire bouillir l'eau des machines à vapeur qui font mouvoir les usines de toutes sortes, les bateaux et les trains de chemins de fer. On n'en perd pas même la poussière; celle-ci, mélangée avec de l'eau, sert à fabriquer les **briquettes** dont les tenders des locomotives sont remplis.

RÉSUMÉ

1. *La houille existe dans le sein de la terre, à l'état de pierres. Elle provient des végétaux des forêts enfouies dans le sol, il y a des millions d'années.*

2. *On va chercher la houille en creusant des mines dans lesquelles on pénètre par un puits. Les mineurs, tout au fond des galeries, arrachent à coups de pic les blocs de houille qu'on amène au puits et que la cage remonte.*

3. *Les mineurs sont exposés aux explosions de grisou. La plupart de ces explosions sont évitées grâce à la lampe Davy, dont la flamme est entourée d'une toile métallique.*

4. *La houille est brûlée dans les poêles pour chauffer les appartements. On en tire le gaz d'éclairage. Elle alimente aussi les foyers de toutes les machines à vapeur.*

66e LEÇON

Les allumettes

1. Les peuples encore sauvages de l'Afrique et de l'Amérique allument leurs feux en frottant rapidement l'un contre l'autre deux morceaux de bois bien secs ; à force de frotter, le bois s'enflamme. Mais cette manière de faire demande beaucoup de temps.

Nous allons bien plus vite, nous, en pareil cas. Nous prenons une **allumette**, nous la frottons, elle s'enflamme et... c'est fini.

Il y a plusieurs sortes d'allumettes, les allumettes en bois et les allumettes en cire. Les unes et les autres sont faites en France, dans des usines appartenant à l'Etat ; personne autre n'a le droit d'en fabriquer.

2. Pour faire les allumettes en bois, on emploie de préférence le bois de tremble. On le découpe en petits blocs ayant la longueur des allumettes. Avec un couteau spécial, un ouvrier partage les blocs en bâtonnets qui se tiennent tous par un bout. On met sécher les blocs dans un four et les bâtonnets s'écartent en éventail (*fig.* 163). Quand ils sont secs, on trempe l'extrémité écartée des bâtonnets, d'abord dans une bassine pleine de soufre fondu, puis dans une pâte composée de **phosphore**, de colle forte, de sable fin, et colorée en rouge ou en bleu. Une fois séchées, les allumettes sont détachées des blocs et mises en paquets ou en boîtes.

Les allumettes en cire sont préférables ; elles brûlent plus longtemps que les allumettes en bois, mais elles coûtent plus cher. Pour les fabriquer, on trempe des brins de coton dans de la **stéarine** fondue et on les retire ; la stéarine se colle au coton en se refroidissant. On continue à tremper les brins jusqu'à ce qu'on ait la grosseur voulue, puis on les passe dans les trous d'une filière pour les rendre bien réguliers. On les coupe ensuite en morceaux de même longueur qu'on dresse les uns contre les autres dans une boite en bois peu profonde et sans couvercle; enfin, on trempe le bout libre des morceaux dans une pâte de phosphore et on laisse sécher.

Fig. 163. — Bloc d'allumettes en bois.

Les allumettes ordinaires, en bois et en cire, s'enflamment facilement; s'il en est tombé une par terre, il suffit de marcher dessus pour lui faire prendre feu; des incendies ont même été allumés de cette façon. Pour éviter ce danger, on fabrique des allumettes de **sûreté** : elles ne s'enflamment que si on les frotte sur les côtés de la boîte.

3. Le **soufre**, qui sert à la fabrication des allumettes, est un corps solide et jaune. On le trouve dans des creux du sol, près des volcans; il y en a beaucoup en Italie, au voisinage du Vésuve. Mais il n'est pas pur; on est obligé de le **raffiner** avant de s'en servir; pour cela on le chauffe dans de grands vases de grès munis d'un tuyau; la chaleur réduit le soufre en vap r que les tuyaux amènent dans une grande chambre en tôle; une partie de la vapeur se dépose sur les parois de la chambre et forme une suie jaune : c'est le soufre en poudre; le reste redevient liquide et coule, du plancher de la chambre, dans des moules où le soufre se solidifie.

Le soufre brûle avec facilité, en donnant une flamme

bleue; en même temps il produit un gaz qui, si on le respire, pique fortement l'intérieur du nez et le fond de la bouche. On emploie quelquefois ce gaz pour enlever les taches de fruits et de vin sur le linge : on fait un cornet en papier sous lequel on allume un peu de soufre; le gaz sort par la pointe du cornet et on expose au-dessus le linge taché après l'avoir mouillé.

Du soufre en poudre est répandu trois fois par an sur les feuilles de la vigne pour combattre l'**oïdium**, maladie qui empêcherait le raisin de se former. Les vignerons font brûler des mèches soufrées à l'intérieur de leurs tonneaux pour les désinfecter.

4. Le **phosphore** est extrait des os des animaux. C'est un corps solide, blanc, très dangereux. Il s'enflamme tout seul dans l'air; aussi, on est obligé de le conserver dans l'eau.

Le phosphore est un violent poison; en plus de son emploi dans la fabrication des allumettes, on l'utilise pour préparer la **mort-aux-rats**, pâte avec laquelle on empoisonne les rats et les souris.

RÉSUMÉ

1. *Il y a deux sortes d'allumettes : les allumettes en bois et les allumettes en cire.*

2. *Les unes et les autres sont fabriquées en trempant une de leurs extrémités dans du soufre fondu, puis dans une pâte phosphorée. Les allumettes de sûreté ne s'enflamment que si on les frotte sur les côtés de la boîte.*

3. *Le soufre est un corps solide et jaune; on le trouve dans le voisinage des volcans. En brûlant, il dégage un gaz suffocant. On l'emploie en poudre pour soufrer la vigne; les mèches soufrées servent à désinfecter les tonneaux.*

4. *Le phosphore est extrait des os. C'est un violent poison; on l'utilise dans la fabrication de la mort-aux-rats.*

67e LEÇON

L'éclairage

1. Les premiers hommes, pour s'éclairer la nuit, employaient des torches, c'est-à-dire des branches d'arbres enduites de résine. Ces instruments donnaient une faible lumière et répandaient beaucoup de fumée.

Fig. 164. — Lampe ancienne.

Quand on eut appris à extraire l'huile de certaines graines, les torches furent remplacées par des **lampes** très simples, composées d'un vase en terre cuite (*fig.* 164) qu'on remplissait d'huile dans laquelle on faisait tremper une mèche de coton dont on allumait le bout extérieur.

2. Pendant de longues années, les lampes en terre furent seules employées pour l'éclairage. En 1800, on fabriqua les premières chandelles, avec le suif ou graisse de bœuf et de mouton. Trente ou quarante mèches de coton attachées à une baguette étaient trempées à la fois dans un baquet contenant du **suif** fondu. On recommençait la même opération jusqu'à ce que les chandelles aient la grosseur voulue.

Mais les chandelles, en brûlant, répandaient une mauvaise odeur et une fumée épaisse ; il fallait même les **moucher**, c'est-à-dire enlever la mèche à mesure qu'elle se consumait. Les **bougies** n'ont pas ces inconvénients. Elles sont fabriquées avec du suif purifié, et leur mèche est en coton tressé; on l'a d'abord trempée dans de l'eau boriquée ; elle brûle entièrement, et on n'a pas besoin de la moucher. Le suif pur est d'abord fondu, puis versé sur une table percée de trous (*fig.* 165) qui sont les ouvertures de moules ayant la forme des bougies; une mèche est tendue dans chaque moule; le suif liquide y pénètre et durcit en se refroidissant. On retire alors les bougies des moules et on les met à l'air pour les blanchir.

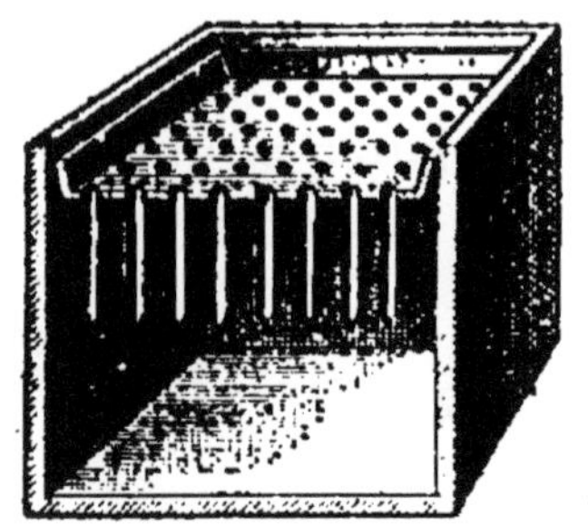

Fig. 165. — Table pour mouler les bougies.

3. Le pétrole est un liquide dont le nom veut dire **huile de pierre**. On le trouve, en effet, dans la terre, surtout en Amérique; il forme des nappes à une profondeur plus ou moins grande. Pour aller le chercher, on creuse des puits comme pour les mines de houille. Quand il sort des puits, il est trop épais pour servir à l'éclairage. On le distille et on obtient le liquide qui sert à alimenter les lampes.

4. Dans les grandes villes, les rues sont éclairées au **gaz**, ainsi que la plupart des maisons. Le gaz d'éclairage est fabriqué dans une usine spéciale, en chauffant fortement la houille dans des vases en fonte. Chaque vase est muni d'un tuyau aboutissant à un grand réservoir appelé **gazomètre**, où le gaz s'amasse. Du gazomètre partent des conduits souterrains qui se répandent dans toutes les rues et se terminent aux **becs de gaz** (*fig.* 166). Le soir, il suffit d'ouvrir le robinet des becs et d'en approcher une allumette pour obtenir une flamme

Fig. 166. — Bec de gaz des rues.

très éclairante. On se sert aussi du gaz pour la cuisine, grâce à des fourneaux particuliers.

5. Depuis quelques années, l'éclairage au gaz est remplacé, dans certaines usines et magasins, par l'éclairage à **l'acétylène**. C'est un gaz qu'on obtient en versant de l'eau sur une pierre nommée **carbure**. On place des fragments de carbure dans le compartiment inférieur d'une **lampe** en tôle (*fig.* 167), et dans le compartiment supérieur on verse de l'eau; elle passe à travers une cloison percée et tombe goutte à goutte sur le carbure; l'acétylène se forme et se dégage par un bec muni d'un robinet. En approchant une allumette du bec ouvert, le gaz s'enflamme et donne une lumière très éclairante. Les lampes à acétylène doivent être bien réglées, sinon elles occasionnent des explosions.

Fig. 167. — Lampe à acétylène.

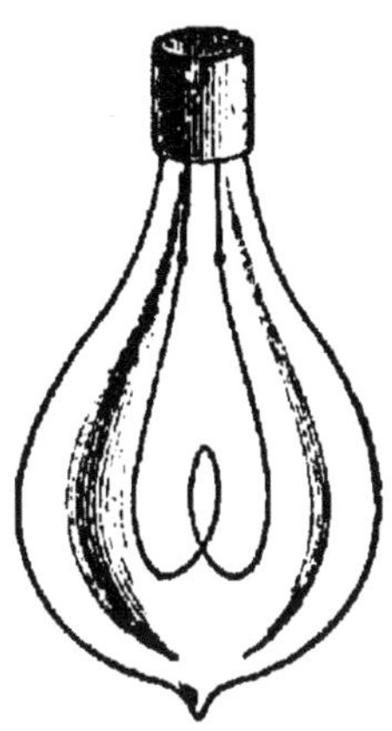

Fig. 168. — Ampoule électrique.

L'éclairage électrique ne peut être utilisé que dans les villes. On l'obtient au moyen d'ampoules de verre (*fig.* 168) dans lesquelles se trouve un fil très mince de charbon enroulé. En tournant un bouton, le courant passe dans le fil de charbon; celui-ci devient rouge et éclaire l'appartement. Si on tourne le bouton en sens contraire, le courant ne passe plus et les ampoules s'éteignent.

RÉSUMÉ

1. *Les premiers instruments d'éclairage furent les torches, remplacées, dans la suite, par les lampes à huile.*

2. *Les chandelles sont fabriquées avec le suif ou graisse des ani-*

maux. Les bougies sont fabriquées avec du suif pur; elles éclairent mieux que les chandelles.

3. *Le pétrole est un liquide extrait de la terre; on le brûle dans des lampes spéciales.*

4. *Le gaz d'éclairage est préparé dans les usines à gaz, en chauffant la houille dans des cornues de fonte. On le distribue dans les appartements par des tuyaux souterrains.*

5. *Les autres modes d'éclairage sont l'acétylène et l'éclairage électrique.*

68e LEÇON

L'électricité

1. Un bâton de verre, frotté à l'un de ses bouts avec un morceau de drap bien sec, attire des fragments de papier posés sur une table; ils viennent se coller contre le verre. Cela est dû à l'**électricité** que le frottement a développée sur le verre : c'est elle qui attire les corps légers.

La même chose se produit si, au lieu de verre, on frotte un morceau de soufre ou un bâton de cire. Mais, si on emploie une baguette de fer ou de cuivre, les fragments de papier ne bougent pas.

Certains corps s'électrisent donc par le frottement, alors que d'autres ne s'électrisent pas.

2. Le frottement n'est pas la seule cause de l'électricité. Si d'un corps électrisé on approche un autre corps qui ne l'est pas, celui-ci s'électrise sans qu'on le touche, tout simplement parce qu'il est à côté du premier. En les rapprochant de plus en plus, il arrive un moment où une **étincelle** éclate entre eux et fait entendre un petit bruit sec. L'étincelle électrique se produit toutes les fois qu'on approche l'un de l'autre deux corps électrisés ; il s'en produirait une également si on approchait le doigt d'une machine électrique, et on sentirait une piqûre.

3. On peut aussi obtenir de l'électricité avec des instruments nommés **piles** (*fig.* 169). Il y en a de plusieurs sortes, et quelques-unes sont très fortes. Il est facile d'en construire une. Dans un grand verre, on verse de l'eau vinaigrée, et on y plonge une petite lame de cuivre et une petite

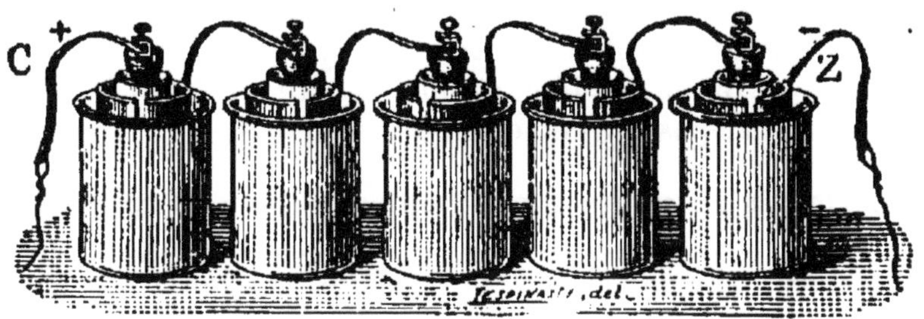

Fig. 169. — Piles é[illegible]ques.

lame de zinc, de manière qu'elles ne se touchent pas. On attache au sommet de chacune un fil mince de cuivre, et la pile est construite. Quand on réunit les deux fils, l'électricité de la pile y produit un courant.

Le courant d'une seule pile est faible; pour obtenir un fort courant, on réunit entre elles plusieurs piles.

4. Les sonneries électriques, qu'on trouve dans beaucoup de maisons, sont mises en mouvement par un courant; celui-ci est fourni par des piles placées dans une boîte; des fils attachés aux murs partent des piles et aboutissent aux sonnettes. En appuyant le doigt sur un bouton fixé près de la porte, le courant passe et la sonnerie se fait entendre; en retirant le doigt, on empêche le courant de passer et la sonnerie s'arrête.

Le **télégraphe** est aussi une application du courant électrique. Des piles sont installées dans chaque station pour fournir le courant; celui-ci peut passer d'une station à l'autre par des fils de cuivre supportés par des poteaux télégraphiques qu'on voit le long des routes. Pour envoyer une **dépêche**, l'employé appuie un certain nombre de fois sur un gros bouton; chaque fois qu'il appuie, le courant passe dans les fils, arrive à l'autre station et fait mouvoir une petite roue qui imprime des traits ou des points sur une bande de papier. Ces traits et ces points correspondent à des lettres de l'alphabet, et l'employé de l'autre station peut lire ce qu'on lui télégraphie. L'expédition d'une dépêche ne dure pas plus de quelques minutes.

5. Depuis plusieurs années, on est parvenu à construire des machines qui fournissent un courant électrique beaucoup plus fort que celui des piles. Ces machines sont ins-

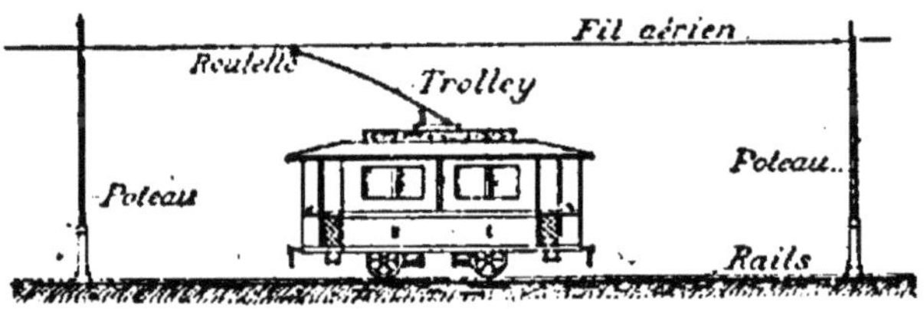

FIG. 170. — Tramway électrique.

tallées dans des usines, et leur courant est employé pour mettre en mouvement des **tramways** (*fig.* 170). Ce sont des voitures sans chevaux servant au transport des voyageurs dans les grandes villes. Elles roulent sur des rails; le courant passe dans les rails et dans un gros fil suspendu en l'air; une petite roulette située au bout d'une tige fixée au-dessus du tramway s'appuie sur le fil aérien, de sorte que le courant arrive à l'essieu des roues qu'il fait tourner.

Le courant électrique des usines est encore utilisé pour l'éclairage.

RÉSUMÉ

1. *Certains corps s'électrisent quand on les frotte; d'autres ne s'électrisent pas.*

2. *Lorsqu'on approche l'un de l'autre deux corps électrisés, il se produit entre eux une étincelle.*

3. *Les piles sont des instruments qui donnent un courant électrique; plusieurs piles réunies fournissent un fort courant.*

4. *Le courant des piles fait marcher les sonneries électriques et le télégraphe.*

5. *On construit aujourd'hui des machines qui produisent un courant très fort, employé pour faire marcher les tramways. Il sert aussi pour l'éclairage.*

69e LEÇON

Les orages

1. Il y a longtemps déjà, les savants ont prouvé qu'il y a toujours de l'électricité dans l'air. Franklin, un des premiers, l'a vérifié en lançant en l'air un grand **cerf-volant** muni d'une pointe de fer et attaché au sol par une longue corde de chanvre; lorsqu'il approchait une clef de la corde, une forte étincelle éclatait.

Si donc l'air est électrisé, les nuages qui s'y forment le sont aussi, et leur électricité est la cause des **orages**.

Les orages ont lieu surtout l'été. A l'hiver, au commencement du printemps et à l'automne, les nuages sont nombreux et couvrent tout le ciel; aucune étincelle ne peut éclater entre eux, puisqu'ils se touchent; mais, à l'été, les nuages ne se forment qu'en certains points du ciel; ils sont épais et fortement chargés d'électricité; le vent les pousse les uns contre les autres et, quand ils sont assez rapprochés, de fortes étincelles éclatent.

2. Ces étincelles sont appelées **éclairs** (*fig.* 171). Ceux-ci ne sont pas toujours semblables. Parfois, ils ont la forme d'une

Fig. 171. — Éclair éclatant entre deux nuages.

ligne droite; mais, le plus souvent, ils sont en **zigzags**, tantôt rouges, tantôt violets.

Quand les nuages orageux sont assez près de la terre, les éclairs éclatent entre les nuages et le sol, les maisons ou les arbres. On dit que la **foudre** est tombée. Quelquefois, la foudre produit de véritables boules de feu qui courent avec une rapidité effrayante et finissent par éclater avec un bruit formidable; ou bien elles descendent dans les maisons par les cheminées, roulent dans les appartements et sortent sans bruit

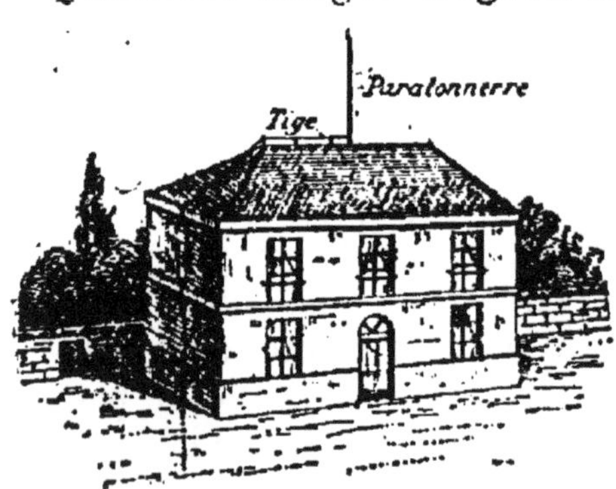

Fig. 172. — Maison protégée par un paratonnerre.

par les portes ou les fenêtres. Trop souvent, malheureusement, la foudre met le feu aux bâtiments ou tue les personnes et les animaux. Certains effets de la foudre sont si bizarres qu'on n'y comprend rien; on l'a vue enlever un bracelet en or au poignet d'une dame, sans lui faire aucun

Fig. 173. — Arbre brisé par la foudre.

mal, et faire disparaître du pied d'un cheval le fer qu'un maréchal était en train d'y clouer.

Le **tonnerre** est le bruit qui suit l'éclair; il est répété par l'écho des montagnes, des bois et des maisons, et produit des grondements assez longs qui effrayent les enfants et même beaucoup de grandes personnes; le tonnerre ne peut pourtant que faire trembler les vitres; seuls, les éclairs sont à craindre.

3. Pour protéger les maisons contre les incendies causés par la foudre, on installe sur leur partie la plus haute des **paratonnerres** (*fig.* 172). Ce sont des tiges d'acier fixées solidement sur les toits ou les terrasses : elles se prolongent par une barre de fer dont un bout plonge dans un puits. Si un éclair éclate entre la maison et le nuage orageux, la foudre tombe sur le paratonnerre ; elle suit la barre de fer et va se perdre dans la terre, sans commettre aucun dégât.

4. Les orages sont presque toujours accompagnés d'une forte pluie. Les personnes qui sont dans les champs se réfugient souvent sous les arbres ou les meules, pour ne pas être mouillées. C'est très dangereux, car la foudre tombe de préférence sur les arbres (*fig.* 173), et ces personnes risquent d'être tuées. Il faut aussi éviter de sonner les cloches sous prétexte d'éloigner l'orage ; on l'attire, au contraire, et les sonneurs ont beaucoup de chances d'être foudroyés. Si on est chez soi, on aura soin de fermer les fenêtres et de ne pas se tenir à côté des cheminées.

RÉSUMÉ

1. *L'été, les nuages s'électrisent dans l'air et produisent les orages.*

2. *Lorsque les nuages électrisés se rapprochent, de grandes étincelles ou éclairs éclatent entre eux en produisant un bruit appelé tonnerre. Si l'éclair éclate entre un nuage et la terre, on dit que la foudre est tombée. La foudre est dangereuse ; elle tue des personnes et allume des incendies.*

3. *Pour protéger les maisons contre la foudre, on installe sur les toits des paratonnerres.*

4. *En temps d'orage, il ne faut jamais se réfugier sous les arbres, ni sonner les cloches. Si on est chez soi, il faut fermer les portes et les fenêtres.*

70e LEÇON

La boussole

1. Tous les enfants connaissent ces petits barreaux d'acier recourbés en forme de fer à cheval (*fig.* 174), colorés en rouge, sauf aux deux bouts, qu'on achète dans les bazars pour trois ou quatre sous, et avec lesquels on attire des plumes ou des aiguilles. Ce sont les **aimants**.

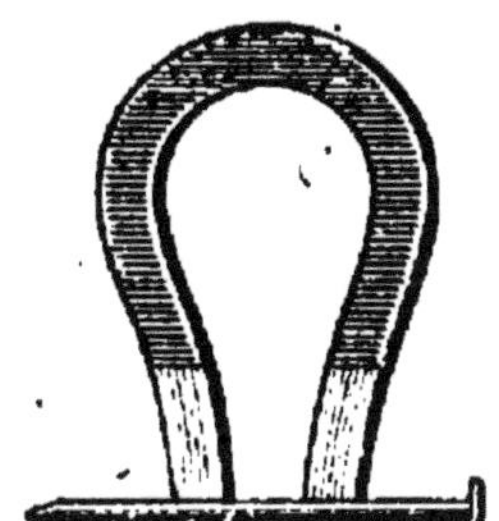
FIG. 174. — Aimant recourbé.

On peut faire avec ces petits instruments des expériences amusantes. Si on plonge un aimant dans la limaille de fer, on la voit s'attacher aux deux bouts en masses très serrées. Plusieurs plumes étant posées sur une table, on en soulève une avec l'aimant ; si on approche la plume soulevée d'une autre plume, celle-ci s'attache à la première; de même, une troisième plume s'attache à la seconde, et ainsi de suite. Plaçons une aiguille à coudre au milieu d'une assiette de faïence, et, sous le fond de l'assiette, frottons dans tous les sens les deux bouts d'un aimant : l'aiguille suivra tous les mouvements de l'aimant et nous pourrons la promener comme si nous la tenions avec les doigts. Cette dernière expérience nous prouve que la force des aimants se produit même à travers les corps durs.

2. Tous les aimants ne sont pas recourbés; on en construit qui ont simplement la forme d'une barre droite ; on leur donne le nom de **barreaux aimantés**. Si on suspend par une ficelle un de ces barreaux au-dessus d'un autre qui est immobile, on les verra tous deux prendre la même direction, et, si on dérange le barreau mobile, il revient tout seul à sa première position.

Or, la terre est aimantée, et elle agit comme si elle formait un ai-

Fig. 175. — Boussole construite avec une aiguille à coudre.

Fig. 176. — Aiguille aimantée.

mant énorme ayant toujours la même position. Donc, un seul aimant, suspendu à une petite distance du sol, prendra une certaine direction, toujours la même, et y reviendra si on le déplace. On vérifie ce fait de la manière suivante. Une aiguille à coudre est frottée pendant quelques minutes et dans le même sens avec un aimant ordinaire; elle s'aimante. On la pose alors sur un petit morceau de liège qui flotte sur l'eau d'une cuvette (*fig.* 175) ; l'aiguille tourne dans un sens et dans l'autre, puis s'arrête et reste immobile ; elle revient encore à la même position si on la dérange.

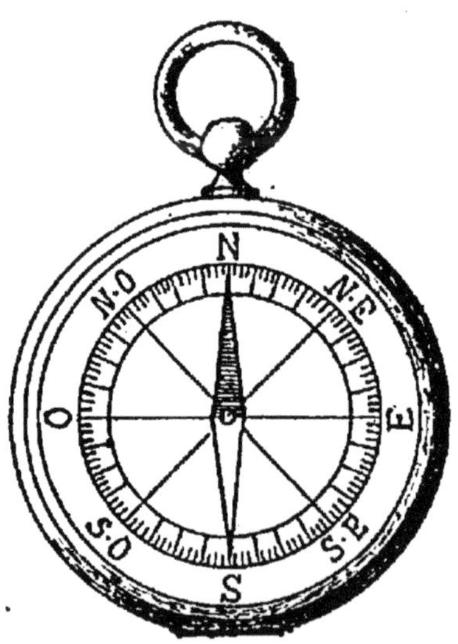

Fig. 177. — Boussole-montre.

Au lieu d'aiguilles à coudre, on emploie des plaques minces d'acier ayant la forme de petits losanges allongés ; on les appelle **aiguilles aimantées**, et elles conservent leur aimantation pendant très longtemps. Une de leurs pointes est colorée en bleu, et au centre de chacune est un petit trou qui permet de les poser sur un **pivot** dressé, de manière qu'elles puissent tourner facilement (*fig.* 176). Quel que soit le lieu où on place une aiguille aimantée, sa pointe bleue se tourne toujours vers le nord.

8. La boussole (*fig.* 177) est un instrument qui sert à s'orienter. Elle se compose d'une boîte dont le fond est un cadran au centre duquel une petite aiguille aimantée peut se mouvoir sur un pivot. Lorsque la boîte est bien horizontale, la pointe bleue de l'aiguille indique la direction du nord.

Fig. 178. — Boussole de navire.

On construit aujourd'hui des boussoles très commodes; elles ressemblent à des montres et, comme celles-ci, on les porte dans la poche du gilet, attachées au bout d'une chaîne. Tous ceux qui voyagent dans les pays encore inconnus ont une boussole, à l'aide de laquelle ils peuvent reconnaître leur chemin, puisque leur boussole leur indique à chaque instant de quel côté se trouve le nord.

Sur mer, la boussole est encore plus nécessaire que sur terre; on n'y voit que de l'eau, toujours de l'eau; rien n'indique la route. Heureusement, une grosse boussole (*fig.* 178), soigneusement entretenue, indique toujours le nord, et, en regardant les cartes, les marins peuvent diriger leur navire.

RÉSUMÉ

1. *Les aimants attirent certains métaux ; la force des aimants se produit même à travers les corps durs.*

2. *Si on suspend un barreau aimanté, il prend toujours la même direction. Il en est de même d'une aiguille aimantée placée sur un pivot : l'une des pointes est toujours dirigée vers le nord.*

3. *La boussole est un instrument à l'aide duquel on peut s'orienter. Elle comprend une aiguille aimantée qui indique toujours la direction du nord. Tous les navires sont pourvus d'une grosse boussole qui permet aux marins de se diriger sur mer.*

TABLE DES MATIÈRES

PREMIÈRE PARTIE

LES FONCTIONS DE NUTRITION ET LES ALIMENTS

DEUXIÈME PARTIE

LES MOUVEMENTS ET LES SENS

TROISIÈME PARTIE

LES HABITS ET LE LINGE

QUATRIÈME PARTIE

L'HABITATION

CINQUIÈME PARTIE

LE CHAUFFAGE ET L'ÉCLAIRAGE

TOURS. — IMPRIMERIE DESLIS FRÈRES ET Cie.

www.ingramcontent.com/pod-product-compliance
Ingram Content Group UK Ltd.
Pitfield, Milton Keynes, MK11 3LW, UK
UKHW012208240726
13966UKWH00002B/647